Es sind vor allem Kindheitserinnerungen, die sich für Hermann Hesse mit Weihnachten verbinden. Doch je älter er wurde, desto mehr distanzierte er sich von der geschäftstüchtigen Rührseligkeit, die mittlerweile das »Fest der Liebe« bestimmt. Ein Zwiespalt von Ehrfurcht und Abscheu durchzieht Hesses hier erstmals gesammelte Betrachtungen und Erinnerungen, die er zu diesem »trotz allem Schwindel noch immer wunderbaren Fest« geschrieben hat.
Hermann Hesse, am 2. Juli 1877 in Calw/Württemberg als Sohn eines baltendeutschen Missionars und der Tochter eines schwäbischen Indologen geboren, 1946 ausgezeichnet mit dem Nobelpreis für Literatur, ist am 9. August 1962 in Montagnola bei Lugano gestorben.
Seine Bücher, Romane, Erzählungen, Betrachtungen, Gedichte, politischen, literatur- und kulturkritischen Schriften sind mittlerweile mit einer Gesamtauflage von 100 Millionen Exemplaren in aller Welt verbreitet und haben ihn zum meistgelesenen europäischen Autor des 20. Jahrhunderts in den USA, Japan und Korea gemacht.

insel taschenbuch 2418
Hermann Hesse
In Weihnachtszeiten

# Hermann Hesse
# In Weihnachtszeiten

*Betrachtungen, Gedichte
und Aquarelle des Verfassers*

Ausgewählt und mit
einem Nachwort versehen
von Volker Michels

Insel Verlag

insel taschenbuch 2418
Erste Auflage 2001
© Suhrkamp Verlag Frankfurt am Main 2001
Insel Verlag Frankfurt am Main und Leipzig
Alle Rechte vorbehalten,
insbesondere das der Übersetzung,
des öffentlichen Vortrags sowie der Übertragung durch
Rundfunk und Fernsehen, auch einzelner Teile.
Kein Teil des Werkes darf in irgendeiner Form
(durch Fotografie, Mikrofilm oder andere Verfahren)
ohne schriftliche Genehmigung des Verlages reproduziert
oder unter Verwendung elektronischer Systeme verarbeitet,
vervielfältigt oder verbreitet werden.
Vertrieb durch den Suhrkamp Verlag
Umschlag nach Entwürfen von Willy Fleckhaus
Druck: Druckerei Konkordia, Bühl (Baden)
Printed in Germany

2 3 4 5 6 7 – 07 06 05 04 03 02

# In Weihnachtszeiten

# *[Unter dem Christbaum]*

Das Erlebnis, dessen ich mich heute erinnere, hat nicht einmal Minuten gedauert, nur Sekunden. Aber in den Sekunden des Erwachens und Sehendwerdens sieht man viel, und das Erinnern und Aufzeichnen braucht, wie bei Träumen, das Vielfache an Zeit als das Erleben selbst.

Es war in unsrem Vaterhaus in Calw, und es war Weihnachtsabend im »schönen Zimmer«, die Kerzen brannten am hohen Baum, und wir hatten das zweite Lied gesungen. Der feierlichste und höchste Augenblick war schon vorüber, der war das Vorlesen des Evangeliums: da stand unser Vater hoch aufgerichtet vor dem Baum, das kleine Testament in der Hand, und halb las er, halb sprach er auswendig mit festlicher Betonung die Geschichte von Jesu Geburt: »und es waren Hirten daselbst auf dem Felde bei den Hürden, die hüteten des Nachts ihre Herde...«
Dies war das Herz und der Kern unsres Christfestes: das Stehen um den Baum, die bewegte

Stimme des Vaters, der Blick in die Ecke des Zimmers, wo auf halbrundem Tisch zwischen Felsen und Moos die Stadt Bethlehem aufgebaut war, die letzte freudige Spannung auf die Bescherung, auf die Geschenke, und bei alledem im Herzen der leise Widerstreit, der zu allen unsern Festen gehörte, der sie uns ein wenig verdarb und störte und sie zugleich erhöhte und steigerte: der Widerstreit zwischen Welt und Gottesreich, zwischen natürlicher Freude und frommer Freude. War es auch nicht so schlimm wie an Ostern, und war auch am Geburtsfest des Herrn Jesus ohne Zweifel Freude nicht nur erlaubt, sondern geboten, so war doch die Freude über Jesu Geburt im Stalle zu Bethlehem und die Freude am Baum und Kerzenlicht und am Duft der Lebkuchen und Zimmetsterne, und die drängende Spannung im Herzen, ob man wirklich das seit Wochen Gewünschte auf dem Gabentisch finden werde, eine wunderlich unreine Mischung. Indessen das war nun so, zu den Festen gehörte ebenso wie die Kerzen und die Lieder auch die leise Betretenheit und dieser sanftbange kleine

Beigeschmack von schlechtem Gewissen. Wenn ein Geburtstag im Hause gefeiert wurde, so begann die Feier stets mit dem Singen eines Liedes, das mit der zweifelnden Frage anhob:

> Ist's auch eine Freude,
> Mensch geboren sein?

Nun, es war eine Freude, trotzdem, und als Kind hatte ich Jahr um Jahr über das Fragezeichen hinweggesungen und war überzeugt gewesen, daß das »Mensch geboren sein« wirklich eine Freude sei, zumal an Geburtstagen. Und so waren wir auch heut, an diesem Christabend, alle von Herzen fröhlich.
Das Evangelium war gesprochen, das zweite Lied war gesungen, ich hatte schon während des Singens die Tischecke erspäht, wo meine Geschenke aufgebaut waren, und jetzt näherte sich jeder seinem Platze, die Mägde wurden von der Mutter an die ihren geführt. Es war im Zimmer schon warm geworden und die Luft ganz überfüllt vom Geflimmer der Kerzen, vom Wachs- und Harzgeruch und vom starken Duft

des Backwerks. Die Mägde flüsterten aufgeregt miteinander und zeigten sich und betasteten ihre Sachen, eben hatte meine jüngere Schwester ihre Geschenke entdeckt und stieß einen lauten Jubelruf aus. Ich war damals entweder dreizehn oder vierzehn Jahre alt.

Ich hatte mich, wie wir alle, vom Christbaume weg und den Tischen zugewendet, wo die Geschenke lagen, ich hatte meinen Platz mit suchenden Augen entdeckt und strebte jetzt auf ihn zu. Dabei mußte ich meinen kleinen Bruder Hans und ein niedriges Kinder-Spieltischchen umgehen, auf dem seine Bescherung aufgebaut war. Mit einem Blick streifte ich seine Geschenke, ihr Mittelpunkt und Prunkstück war ein Satz von winzig kleinem Tongeschirr; drollig liliputanische Tellerchen, Krügchen, Täßchen standen da beisammen, komisch und rührend in ihrer hübschen Kleinheit, jede Tasse war kleiner als ein Fingerhut. Über dieses tönerne Zwerggeschirr gebeugt, mit vorgestrecktem Kopf, stand mein kleiner Bruder, und im Vorbeigehen sah ich eine Sekunde lang sein Kindergesicht – er war fünf Jahre jünger als ich – und habe es in dem halben Jahrhundert, das seitdem vergangen ist, manche Male in Erinnerung so wiedergesehen, wie es mir in jener Sekunde sich offenbarte: ein still strahlendes, leicht zum Lächeln zusammengenommenes, von Glück und Freude ganz und gar verklärtes und verzaubertes Kindergesicht.

Dies war das ganze Erlebnis. Es war schon vorüber, als ich mit dem nächsten Schritt bei meinen Geschenken angekommen war und von ihnen in Anspruch genommen wurde, Geschenke, von denen ich heute keins mehr mir vorstellen und benennen kann, während ich Hansens Töpfchen noch in genauester Erinnerung habe. Im Herzen blieb das Bild bewahrt, bis heute, und im Herzen geschah alsbald, kaum daß mein Auge das Brudergesicht wahrgenommen hatte, eine mannigfaltige Bewegung und Erschütterung. Die erste Regung im Herzen war die einer starken Zärtlichkeit gegen den kleinen Hans, gemischt jedoch mit einem Gefühl von Abstand und Überlegenheit, denn hübsch und entzückend zwar, aber kindisch erschien mir solche Verklärtheit und Beseligung über diesen kleinen tönernen Kram, den man beim Hafner für ein paar Groschen haben konnte. Indessen widersprach schon die nächste Zuckung des Herzens wieder: sofort nämlich, oder eigentlich schon gleichzeitig empfand ich meine Verachtung für diese Krügelchen und Täßchen als etwas Schmähliches, ja Gemeines, und noch schmählicher war mein Gefühl von Klügersein und von Überlegenheit über den Kleineren, der sich noch so bis zur Entrücktheit zu freuen vermochte und für den die Weihnacht, die Täßchen und das alles noch den vollen Zauberglanz und die Heiligkeit hatten, die sie einst auch für mich gehabt hatten. Das war der Kern und Sinn dieses Erlebnisses, das Aufweckende und Erschreckende: es gab den Begriff »Einst« für mich! Hans war ein Kind, ich aber wußte plötzlich, daß ich keines mehr sei und nie mehr sein würde! Hans erlebte sein Gabentischchen wie ein Paradies, und ich war nicht nur solchen Glückes nicht mehr fähig, sondern ich fühlte mich ihm mit Stolz entwachsen, mit Stolz und doch auch beinah mit Neid. Ich blickte zu meinem Bruder,

der eben noch meinesgleichen gewesen war, aus einer Distanz hinüber, von oben und kritisch, und fühlte zugleich Scham darüber, daß ich ihn und sein Tongeschirr so hatte betrachten können, so zwischen Mitleid und Verachtung, so zwischen Überheblichkeit und Neid. Ein Augenblick hatte diese Distanz geschaffen, hatte diese tiefe Kluft aufgerissen. Ich sah und wußte plötzlich: ich war kein Kind mehr, ich war älter und klüger als Hans, und war auch böser und kälter.

Es war an jenem Christabend nichts geschehen, als daß ein kleines Stück Wachstum in mir drängte und Unbehagen schuf, daß im Prozeß meiner Ichwerdung einer von tausend Ringen sich schloß – aber er tat es nicht, wie fast alle, im Dunkeln, ich war einen Augenblick wach und mit Bewußtsein dabei, und ich wußte zwar nicht, konnte es aber am Widerstreit meiner Empfindungen deutlich spüren, daß es kein Wachstum gibt, das nicht ein Sterben enthält. Es fiel in jenem Augenblick ein Blatt vom Baum, es welkte eine Schuppe von mir ab. Dies geschieht in jeder Stunde unseres Lebens, es ist

des Werdens und Welkens kein Ende, aber nur sehr selten sind wir wach und achten einen Augenblick auf das, was in uns vorgeht. Seit der Sekunde, in der ich das Entzücken im Gesicht meines Bruders gesehen, wußte ich über mich und über das Leben eine Menge Dinge, die ich beim Eintritt in dies festlich duftende Zimmer und beim Mitsingen des Weihnachtsliedes noch nicht gewußt hatte.

Bei den vielen späteren Malen, in denen ich mich des Erlebnisses erinnerte, war es mir jedesmal merkwürdig, wie genau in ihm die beiden gegensätzlichen Hälften ausgewogen waren: dem gesteigerten Selbstgefühl entsprach ein dunkles Gefühl von Schuld, dem Gefühl von Erwachsensein ein Gefühl von Verarmung, dem Klugsein und Überlegensein eine Regung von schlechtem Gewissen, der spöttischen Distanz zum kleineren Bruder ein Bedürfnis, ihn dafür um Verzeihung zu bitten und seine Unschuld als den höheren Wert anzuerkennen. Das klingt alles recht unnaiv und kompliziert, aber in den Momenten des Wachseins sind wir eben keineswegs naiv; in den Momenten, in denen wir nackt der Wahrheit gegenüberstehen, fehlt uns stets die Sicherheit eines guten Gewissens und das Behagen des unbedingten Glaubens an uns selber. Im Augenblick des Wachseins könnte möglicherweise ein Mensch sich töten, niemals aber einen andern. Im Augenblick des Wachseins ist der Mensch stets sehr gefährdet, denn er steht nun offen und muß die Wahrheit in sich einlassen, und die Wahrheit lieben zu lernen und als Lebenselement zu empfinden, dazu gehört viel, denn zunächst einmal ist der Mensch Kreatur und steht der Wahrheit durchaus als Feind gegenüber. Und in der Tat ist ja die Wahrheit niemals so, wie man sie sich wünschen und wählen würde, aber immer ist sie unerbittlich.

Und so hatte auch mich in der Sekunde des Wachseins die Wahrheit angeblickt. Man konnte sie gleich nachher wieder zu vergessen suchen, man konnte sie nachträglich mildern und beschönigen, und das tat man denn auch, jedesmal tat man es. Dennoch blieb von jedem Erwachen ein Blitz zurück, ein Sprung in der glatten Oberfläche des Lebens, ein Schreck, eine Mahnung. Und sooft man sich eines Erwachens später erinnert, sind es nicht die Reflexionen und Beschönigungen, deren man wieder inne wird, sondern des Erlebnis selbst: der Blitz, der Schreck.

Ich hatte, selbst beinah noch Kind, plötzlich die von mir abgewelkte Kindheit leibhaftig vor mir gesehen, im Gesicht des Brüderchens, und die Betrachtungen und Erkenntnisse, die sich mir daraus in den folgenden Stunden und Tagen ergaben, waren nur abblätternde Schalen, sie lagen schon alle im Erlebnis selber. Das meine war eigentlich ein hübsches und freundliches gewesen; was ich gesehen hatte und wofür mir für einen Moment die Augen geöffnet worden waren, war ein liebenswertes, sanftes und holdes Bild. Die Seligkeit auf einem Kindergesicht hatte ich gesehen. Trotzdem war es Blitz und Schreck, denn der Inhalt eines jeden Wachwerdens ist der gleiche, es gibt Millionen Gesichter der Wahrheit, aber nur *eine* Wahrheit. Mir war gezeigt worden, daß der kleine Hans etwas besaß, etwas sehr Schönes und Kostbares. Ich aber hatte es verloren, ich besaß es nicht mehr, und vielleicht hatte ich damit das Allerbeste, das einzige wirklich Wertvolle verloren, denn selig werden ja die Kinder gepriesen, und zu den Erwachsenen wird gesagt, wenn sie ins Reich Gottes wollen: »Wahrlich, so ihr nicht werdet wie dieser Kinder eines ...« Ich hatte das Glück und die Unschuld verloren, und hatte es nur daran gemerkt, daß ich es mit Augen, außerhalb meiner, auf dem Gesicht eines andern gesehen hatte. Auch diese Einsicht gehörte zur Frucht des Erlebnisses: Was man besitzt, das sieht man nicht und davon weiß man kaum. Auch ich war ein Kind gewesen und hatte nichts davon gewußt. Jetzt hatte ich Augen bekommen und sah. In Gestalt eines Lächelns und Augenschimmers, in Gestalt eines zarten Leuchtens hatte ich das Glück zu sehen bekommen, das Glück, das man nur besitzen kann, solange man es nicht sieht. Es sah wunderbar strahlend und herzgewinnend aus, das Glück. Aber es hatte auch etwas, worüber man lächeln und dem man sich überlegen fühlen konnte, es war kindlich, und ich war sogar geneigt, es etwas kindisch zu finden, etwas dümmlich. Es forderte zum Neid heraus, aber auch zum Spott, und wenn ich schon des Glücks nicht mehr fähig war, so war ich dafür des Spottes fähig und der Kritik. Und wahrscheinlich hatten die Jünger des Heilands einst genau so auf die seliggepriesenen Kinder geblickt wie ich auf Hans, mit Neid nämlich und zugleich mit etwas Spottlust. Sie wußten sich erwachsen, wußten sich klüger, erfahrener, wissender, sie waren überlegen. Nur daß eben die Erwachsenheit, Klugheit und Überlegenheit kein Glück war und nicht seliggepriesen wurde und keinen ins Reich Gottes führen konnte.

*(1936)*

## *Weihnachtsabend*

Am dunklen Fenster stand ich lang
Und schaute auf die weiße Stadt
Und horchte auf den Glockenklang,
Bis nun auch er versungen hat.

Nun blickt die stille reine Nacht
Traumhaft im kühlen Winterschein,
Vom bleichen Silbermond bewacht,
In meine Einsamkeit herein.

Weihnacht! – Ein tiefes Heimweh schreit
Aus meiner Brust und denkt mit Gram
An jene ferne, stille Zeit,
Da auch für mich die Weihnacht kam.

Seither voll dunkler Leidenschaft
Lief ich auf Erden kreuz und quer
In ruheloser Wanderschaft
Nach Weisheit, Gold und Glück umher.

Nun rast ich müde und besiegt
An meines letzten Weges Saum,
Und in der blauen Ferne liegt
Heimat und Jugend wie ein Traum.

*(1902/03)*

## *Zum Weihnachtsfest*

Im Leben des Durchschnittsmenschen unserer Zeit ist das Begehen der paar allgemein gefeierten hohen Festtage eigentlich das einzige Zugeständnis ans Ideale. Er begeht die Neujahrsfeier mit einem Kopfschütteln oder sentimentalen Seufzer über die Vergänglichkeit des Lebens, die schnelle Flucht der Zeit, er feiert Ostern und Pfingsten als Feste des Frühlings- und Neuwerdens, Allerseelen mit einem Gräberbesuch. Und Weihnacht feiert er, indem er sich einen oder ein paar Ruhetage gönnt, der Frau ein neues Kleid und den Kindern ein paar Spielsachen schenkt. Mancher hat auch eine vorübergehende, resignierte Freude am Jubel der Kleinen; er betrachtet den glänzenden Christbaum mit halb wehmütiger Erinnerung an die eigene Kinderzeit und denkt beim Anblick seiner beschenkten und fröhlichen Kinder: Ja, freut euch nur und genießt es, bald genug wird das Leben euch die Freude und Unschuld nehmen.

Er fragt nicht: Ja, warum denn eigentlich? Warum scheint es mir selbstverständlich, daß »das Leben« eine böse Macht ist, die aus dem Kinderland in Schuld, Enttäuschung und ungeliebte Arbeit führt? Warum soll Freude und Unschuld diesem »Leben« notwendig zum Opfer fallen?

An dem Tage aber, wo er wirklich so fragt, hat er aufgehört, ein Durchschnittsmensch zu sein und hat den ersten Schritt zu einem neuen Leben getan. Und wenn er diesen Weg weiter geht, so wird ihm künftig jeder Tag seines Lebens wertvoller, inhaltreicher und bedeutender sein, als es ihm früher alle Festtage mit ihrem vergänglichen Schimmer und ihrem halbwahren bißchen Nachdenklichkeit gewesen sind. Er wird einsehen, daß es nicht »das Leben« war, das ihm Unschuld, Freude und Ideale genommen hat, und daß es unrecht und lächerlich war, das Leben dafür anzuklagen. Denn er war es selber, der sich betrog.

Denn es gibt keine »Notwendigkeit« und keinen »Zug der Zeit«, der den einzelnen nötigen könnte, materielle Güter den geistigen, vergängliche den unvergänglichen vorzuziehen. Wer diese entscheidende Wahl getan hat, darf niemand als sich selbst dafür verantwortlich machen.

»Ach was«, entgegnet ihr, »unsere Zeit ist nun eben nicht ideal und wir können sie und uns nicht anders machen.«

Ja, das ist eben die alte Phrase, die einer dem anderen nachschwatzt und die jeder meint, glauben zu müssen. Unsere Zeit sei nicht ideal! Warum nicht? Weil der Gelderwerb auffallender, rücksichtsloser und geschmackloser betrieben wird als früher? Aber es ist die Frage, wie man später einmal unsere Zeit beurteilen wird. Ich glaube sehr, man wird nicht sagen: es war die Zeit, da die Kohlen teurer waren, die Zeit, da der Druckknopf und die Wellenbadschaukel erfunden wurden, die Zeit der letzten Postwagen und der ersten Elektrischen. Sondern ich glaube, weit eher wird man sagen: es war die Zeit vieler Dichter, die Zeit vieler und starker religiöser Bewegungen. Das alles, was euch heute als ein angenehmer Zeitvertreib und Luxus erscheint, ja, was viele von euch schlechthin Narrheit und Schwärmerei nennen, das wird überbleiben und existieren und Wert und Geltung haben, wenn euer ganzer bitterer, ernsthafter Krieg um den Geldsack längst, längst vergessen ist.

Kennt ihr nicht Weihnachten, das Fest der Liebe, das Fest der Freude? Anerkennt ihr die Liebe und die Freude also nicht als hohe Mächte, denen ihr besondere, heilige, vom Staat geschützte Festtage feiert? Aber wie sieht es denn bei uns mit der Liebe und mit der Freude aus? Um ein paar Tage oder höchstens Wochen im Jahr ein bißchen Freude zu haben, bringt ihr dreiviertel eures Lebens im Staub und Schweiß einer freudlosen Arbeit zu, die nicht adelt, sondern niederdrückt. Und wenn ihr dessen müde seid und ein Hunger nach Licht und Freude euch ergreift, so haben die allermeisten von euch sie nicht in sich selber zu holen, sondern müssen sie kaufen – im Theater, im Tingeltangel, in der Kneipe. Und wie steht es mit der Liebe? Der Mann, der zehn bis zwölf Stunden für den Gelderwerb, zwei bis vier für Kneipe oder anderes Vergnügen opfert, hat für Frau und Kinder, Brüder und Schwestern nur Augenblicke übrig.

Es ist ein merkwürdiges, doch einfaches Geheimnis der Lebensweisheit aller Zeiten, daß jede kleinste selbstlose Hingabe, jede Teilnahme, jede Liebe uns reicher macht, während jede Bemühung um Besitz und Macht uns Kräfte raubt und ärmer werden läßt. Das haben die Inder gewußt und gelehrt, und dann die weisen Griechen, und dann Jesus, dessen Fest wir jetzt feiern, und seither noch Tausende von Weisen und Dichtern, deren Werke die Zeiten überdauern, während Reiche und Könige ihrer Zeit verschollen und vergangen sind. Ihr mögt es mit Jesus halten oder mit Plato, mit Schiller oder mit Spinoza, überall ist das die letzte Weisheit, daß weder Macht noch Besitz noch Erkenntnis selig macht, sondern allein die Liebe. Jedes Selbstlossein, jeder Verzicht aus Liebe, jedes tätige Mitleid, jede Selbstentäußerung scheint ein Weggeben, ein Sichberauben, und ist doch ein Reicherwerden und Größerwerden, und ist doch der einzige Weg, der vorwärts und aufwärts führt. Es ist ein altes Lied und ich bin ein schlechter Sänger und Prediger, aber Wahrheiten veralten nicht und sind stets und überall wahr, ob sie nun in einer Wüste gepredigt, in einem Gedicht gesungen oder in einer Zeitung gedruckt werden.

*(1907)*

## *Dezember*

Magst noch so viele Sorgen haben,
Was wissen davon deine Mädel und
Knaben?
Wirf ab, was dich bedrücken mag,
Rüst ihnen reich den Weihnachtstag,
Damit auch Dir im Herzen
Der Heiland wohnen mag.

*(1906)*

## Ski-Rast

Am hohen Hang zur Fahrt bereit,
Halt ich am Stab für Augenblicke Rast
Und seh geblendet weit und breit
Die Welt in blau und weißem Glast,
Seh oben schweigend Grat an Grat
Die Berge einsam und erfroren;
Hinabwärts ganz in Glanz verloren
Durch Tal um Tal stürzt der geahnte Pfad.
Betroffen halt ich eine Weile,
Von Einsamkeit und Stille übermannt,
Und gleite abwärts an der schrägen Wand
Den Tälern zu in atemloser Eile.

*(1912)*

Zu Weihnachtszeiten

## *In Weihnachtszeiten*

In Weihnachtszeiten reis ich gern
Und bin dem Kinderjubel fern
Und geh in Wald und Schnee allein.
Und manchmal, doch nicht jedes Jahr,
Trifft meine gute Stunde ein,
Daß ich von allem, was da war,
Auf einem Augenblick gesunde
Und irgendwo im Wald für eine Stunde
Der Kindheit Duft erfühle tief im Sinn
Und wieder Knabe bin …

*(1913)*

## Heilands Geburtstag

Diesmal bist du nicht das blonde Kind
In der Krippe mit den süßen Mienen.
Dem die weißen Engel lächelnd dienen.
Dem wir nur im Heimweh nahe sind.

Diesmal bist du uns der Mann und Held.
Dem der Sieg aus stillen Augen strahlte.
Der sein Werk im Kampf mit einer Welt
Ruhig mit dem eignen Blut bezahlte.

*(1914)*

*Assistono diversi santi*

Nichts andres haben wir zu tun,
Als daß wir vor dem Heilandkind
Auf frommen Knieen betend ruhn,
Die wir der Jungfrau Diener sind.

Sieh, unser Dienst ist leicht und zart,
Wir atmen still im grünen Land
Der schönen Mutter Gegenwart,
Und selig werden wir genannt.

Und selig wirst auch du, o Christ,
Der du voll dunkler Sehnsucht bist,
Wenn du der Schönsten dich ergibst
Und keine andre liebst.

*(1914)*

## *Zu Weihnachten*

Wieder kommt das Christkind, das vierte seit dem Beginn des Krieges. Und wenn auch manche Zeichen für das Herandämmern des Kriegsendes sprechen, so ist doch auch heute nicht abzusehen, wie lange es noch dauern werde. Alle die, welche in irgendeiner Form Opfer des Krieges geworden sind, zumal die vielen Gefangenen in Feindesland, mögen diese Weihnacht als ein Fest der Wehmut begehen, als ein Fest der Erinnerung an verlorene liebe Dinge, an Heimat und Kindheit, Frieden und Friedensglück. Und bei ihnen allen wird, als tiefster Klang der Wunsch nach dem »Frieden auf Erden« laut werden, den das Weihnachtsevangelium preist.

Indessen wollen wir nicht vergessen, daß Weihnachten nicht bloß das Fest der Kinder und daß die Stimme der Engel, welche Jesu Geburt verkünden, nicht bloß eine hübsche Musik für Kinder und nicht bloß ein wehmütiger Trost für Bedrückte ist.

Nicht Kindermärchen, so schön sie seien, und nicht Christbaumglanz und Kindergesang allein sollen es sein, die Weihnachten uns bringt. Der Christgedanke, der in so vielerlei Bekenntnissen so verschiedenen Ausdruck gefunden hat, hat auch für jeden einzelnen von uns immer wieder den Wert eines neuen hohen Antriebes, einer wesentlichen Mahnung. Mag jeder sich sein eigenes Bild von der Welterlösung machen, wichtig und bedeutsam für jeden ist vor allem der Gedanke der Erlösung durch Liebe. Diese Erlösung zu suchen, werden wir nicht nur vom Chor der Weihnachtsengel gemahnt. Es rufen und mahnen uns dazu alle Stimmen der großen Denker, Dichter und Künstler, und der tiefe Wert all dieser Stimmen liegt einzig darin, daß sie eine Wirklichkeit, einen Weg, eine Möglichkeit verkünden, die in jedes Menschen Brust lebendig vorhanden ist.

Weihnachten soll uns darum, wie jedes Fest, nicht bloß eine Rückschau, sondern ein inneres Aufraffen und Zusammenfassen allen guten Willens in uns sein. Denn denen, »die eines guten Willens sind«, gilt die Verheißung.

Eines guten Willens sind wir nicht, wenn wir nur um Verlorenes trauern, uns nur des Unwiederbringlichen erinnern. Wir sind es nur, wenn wir des Besten, Lebendigsten in uns selber bewußt werden und der Stimme dieses Bewußtseins folgen. Wer daran ernstlich denkt, wer in sich das Gelöbnis erneut, seinem Besten treu zu bleiben, der ist in der rechten Stimmung, das Fest zu feiern. Und ihm werden Festglocken und Kerzenlichter, Gesang und Geschenke erst den rechten Wert und Glanz gewinnen.

*(1917)*

## *Winternacht*

Feuerzungen flackern im Kamin,
Vor den Fenstern Grau und Flockenfall,
Durch die müde Abendtrauer hin
Zuckt verflogener Sommer Widerhall.

Meiner Kindertage denk ich nun,
Lang vergessener Märchenton erwacht:
Glocken läuten und auf Silberschuhn
Geht das Christkind durch die weiße Nacht.

*(1921)*

## *Weihnacht*

Auch früher schon, ehe die große Mahnung an uns ergangen war, bekam ich an Weihnachten je und je leise Widerstände, bekam einen etwas unangenehmen Geschmack auf der Zunge zu fühlen, wie bei einer Sache, welche zwar hübsch, aber nicht ganz echt ist, welche zwar allgemein Vertrauen und Achtung genießt, welcher man aber ganz heimlich doch ein wenig mißtraut.

Jetzt, da die vierte Kriegsweihnacht kommt, ist der Geschmack auf der Zunge unüberwindlich geworden. Gewiß, ich feiere Weihnacht, weil ich Kinder habe, die ich nicht um eine Freude bringen will. Aber ich begehe diese Kinderweihnacht ebenso, wie ich in meiner Kriegstätigkeit die Gefangenenweihnacht begehe – als einen hergebrachten, festlich-offiziellen Akt verjährten Herkommens, verstaubter Sentimentalität. Den armen Kriegsgefangenen, die wir seit drei Jahren wie Schwerverbrecher schmachten lassen, schicken wir hübsche Kisten und Päckchen mit Tannenzweigen darin – es ist rührend, und ich fühle das Rührende daran selber zuzeiten stark, denke mir die Gefühle eines Gefangenen, der sein kleines Geschenkchen erhält, male mir aus, welch ein Strom von Erinnerungen ihn unter Umständen beim Duft eines Tannenzweiges überfallen kann. Aber auch das ist ja schließlich nichts als eine Sentimentalität. Und ebenso wie wir die Gefangenen jahrelang einsperren, obwohl sie nichts getan haben, als sich von einem Sturmangriff oder einer gewaltsamen Erkundung überraschen zu lassen, und wie wir diese armen Hunderttausende und Millionen dann an Weihnachten mit einer gefühlvollen Gabe heimsuchen und sie an das Fest der Liebe erinnern – ebenso machen wir es mit unseren Kindern. Einmal im Jahr lassen wir sie sich an der Legende von der göttlichen Liebe freuen, sind einen Abend lang beim Christbaum mit ihnen rührend nett und erziehen sie im übrigen zum selben Schicksal, das wir heut alle verfluchen.

Wenn der Kriegsgefangene mir das hübsche Weihnachtspaket, das ich ihm schicke, ins Ge-

*Anfang 1915 begründete Hesse gemeinsam mit Prof. Richard Woltereck die Deutsche Kriegsgefangenenfürsorge ›Pro captivis‹ in Bern, die bis April 1919 Hunderttausende Internierte in französischen und russischen Lagern betreute.*

sicht schmeißt und den sentimentalen Tannenzweig mit Füßen tritt, so hat er ganz recht. Und wenn unsere Kinder uns am Lichterbaum unsere ganze Ergriffenheit und Erlöstheit durch das Christkind nicht recht glauben können und uns für ein wenig falsch oder doch für ziemlich komisch ansehen, so haben sie ebenfalls völlig recht.

Unsere Weihnacht ist, von den paar wirklich Frommen abgesehen, ja schon sehr lange eine Sentimentalität. Zum Teil ist sie noch Schlimmeres geworden, Reklameobjekt, Basis für Schwindelunternehmungen, beliebtester Boden für Kitschfabrikation.

Das kommt daher: die Weihnacht und das Fest der Liebe und Kindlichkeit ist für uns alle schon längst nicht mehr Ausdruck eines Gefühls. Es ist das Gegenteil, ist längst nur noch Ersatz und Talmi-Nachahmung eines Gefühls. Wir tun einmal im Jahre so, als legten wir großen Wert auf schöne Gefühle, als ließen wir es uns herzlich gern etwas kosten, ein Fest unserer Seele zu feiern. Dabei kann die vorübergehende Ergriffenheit von der wirklichen Schön-

heit solcher Gefühle sehr echt sein; je echter und gefühlvoller sie ist, desto mehr ist sie Sentimentalität. Sentimentalität ist unser typisches Verhalten der Weihnacht und den wenigen anderen äußeren Anlässen gegenüber, bei denen noch heute Reste der christlichen Lebensordnung in unser Tagesleben eingreifen. Unser Gefühl dabei ist dieses: »Wie schön ist doch dieser Liebesgedanke, wie wahr ist es, daß nur Liebe erlösen kann! Und wie schade und bedauerlich, daß unsere Verhältnisse uns nur einen einzigen Abend im Jahr den Luxus dieses schönen Gefühls gestatten, daß wir sonst jahraus jahrein durch Geschäfte und andere wichtige Sorgen davon abgehalten sind!« Dies Gefühl trägt alle Merkmale der Sentimentalität. Denn Sentimentalität ist das Sich-Erlaben an Gefühlen, die man in Wirklichkeit nicht ernst genug nimmt, um ihnen irgendein Opfer zu bringen, um sie irgend je zur Tat zu machen.
Wenn die Pfarrer und Frommen klagen, daß der Glaube und damit das Glück aus der Welt geschwunden sei, so haben sie recht. Unser Verhalten gegen alle wirklichen Werte des Men-

schen ist von einer Barbarei und Roheit, wie sie die Welt seit Jahrhunderten nicht mehr gesehen hat. Dies zeigt sich in unserm Verhalten zur Religion, in unserm Verhalten zur Kunst, in unserer Kunst selber. Denn die beliebte Meinung, daß die Kunst des modernen Europa auf einer ungeheuer hohen Stufe stehe, ist ebenso ein Irrtum der Bildungsphilister wie die Meinung vom Vorhandensein einer hochstehenden und Respekt verdienenden »Kultur« unserer Zeit.
Der »Gebildete« von heute verhält sich zur Lehre Jesu so, daß er das ganze Jahr hindurch an sie nicht denkt und nach ihr nicht lebt, daß er aber am Weihnachtsabend einer vagen wehmütigen Kindererinnerung nachgibt und ein wenig in zahmen, wohlfeil-frommen Gefühlen schwelgt, ebenso wie er noch ein- oder zweimal im Jahre, etwa bei Aufführung der Matthäuspassion, dieser zwar längst verlassenen, dennoch aber noch unheimlichen und im Verborgenen mächtigen Welt seine Reverenz macht.
Ja, das alles gibt man zu, jedermann weiß es, und jeder weiß auch, daß es traurig ist. Schuld daran sind politische und ökonomische Entwick-

lungen, sagt man, schuld ist der Staat, schuld ist der Militarismus, und so weiter. Denn irgend etwas muß ja doch schuld sein. Kein Volk hat »den Krieg gewollt«, ebenso wie kein Volk den Vierzehnstundentag, die Wohnungsnot und die Kindersterblichkeit »gewollt« hat.

Ehe wir wieder Weihnacht feiern und das Ewige und einzig Wichtige in uns mit einem verlogenen Ersatzartikel von Gefühl abspeisen, sollten wir uns lieber dieses ganzen Elendes recht bewußt werden, auch wenn es zur Verzweiflung führt. Schuld an unserem Elend, schuld an der Nichtigkeit und rohen Verödung unseres Lebens, schuld am Krieg, schuld am Hunger, schuld an allem Bösen und Traurigen ist keine Idee und kein Prinzip, schuld daran sind wir, wir selber. Und auch nur durch uns, durch unsere Erkenntnis, durch unsern Willen kann es anders werden.

Ob wir dann die Lehre Jesu wieder aufnehmen und uns neu zu eigen machen oder ob wir andere Formen suchen, das ist einerlei. Die Lehre Jesu und die Lehre Lao Tses, die Lehre der Veden und die Lehre Goethes ist in dem, worin sie das ewig Menschliche trifft, dieselbe. Es gibt nur *eine* Lehre. Es gibt nur *eine* Religion. Es gibt nur ein Glück. Tausend Formen, tausend Verkünder, aber nur *einen* Ruf, nur *eine* Stimme. Die Stimme Gottes – kommt nicht vom Sinai und nicht aus der Bibel, das Wesen der Liebe, der Schönheit, der Heiligkeit liegt nicht im Christentum, nicht in der Antike, nicht bei Goethe, nicht bei Tolstoi – es liegt in dir, in dir und in mir, in jedem von uns. Dies ist die alte, einzige, immer in sich gleiche Lehre, unsere einzige ewig gültige Wahrheit. Es ist die Lehre vom »Himmelreich«, welches wir »inwendig in uns« tragen.

Zündet euren Kindern die Weihnachtsbäume an! Laßt sie Weihnachtslieder singen! Aber betrügt euch selber nicht, seid nicht immer und immer wieder zufrieden mit diesem ärmlichen, sentimentalen, schäbigen Gefühl, mit dem ihr eure Feste alle feiert! Verlangt mehr von euch! Denn auch die Liebe und Freude, das geheimnisvolle Ding, das wir »Glück« nennen, ist nicht da und nicht dort, sondern nur »inwendig in uns«. *(1917)*

## *Weihnacht des Alten*

Als ich ein Knabe war, in Weihnachtszeiten,
Wie war ich selig da und unersättlich,
Im Duft der Kerzen mit dem neuen Spielzeug
Zu spielen unterm Tannenbaum: dem Roß,
Dem Bilderbuch, der Eisenbahn, der Violine!
Und wenn auch jedes Spielzeug bald erlosch
Und Alltag wurde, jeder Weihnachtsbaum
War wieder neu, war Fest und Wunder,
Umfing mich wieder mit dem Zaubernetz.

Heut weiß ich keine neuen Spiele mehr,
Erschöpft ist Glanz und Lust, der lange Weg
Liegt hinter mir, zerbrochenen Spielzeugs voll,
Die Scherben klirren. Doch die Sehnsucht malt
Mir einen letzten, höchsten Zauber noch
In holden Farben aus: das letzte Fest,
Den Ausgang aus der Spiel- und Kinderwelt,
Den Eingang in die nächste, tief ersehnt.

Dein denk ich, wenn die leergewordne Welt
Um mich mit ihren farbigen Scherben flirrt,

Dein denk ich, letztes Spiel, geliebter Tod!
Aufglänzen wird noch einmal Kinderlust,
Noch einmal wird der dürre Christbaum blühn
Und Wunder strahlen, daß im dunkeln Schacht
Das Herz von neuer Wonne bang erquillt.
Und zwischen Kerzenglanz und Tannenduft
Und all dem Wust zerbrochner Spielerei'n
Wird aus dem wonnevollen Dunkel
Die ferne Stimme meiner Mutter rufen.

*(1925)*

## *Schaufenster vor Weihnachten*

Weihnachten ist eine Angelegenheit, von der ich eigentlich nicht gerne spreche. Einerseits weckt das schöne Wort so tiefe, heilige Erinnerungen aus dem Sagenbrunnen der Kindheit, flimmert so magisch im Schein jener blonden Lebensmorgenfrühe und ist so durchstrahlt von unzerstörbar heiligen Symbolen: Krippe, Stern, Heilandkind, Anbetung der Hirten und Könige und Weise aus dem Morgenland! Und anderseits ist »Weihnacht« ein Inbegriff, ein Giftmagazin aller bürgerlichen Sentimentalitäten und Verlogenheiten, Anlaß wilder Orgien für Industrie und Handel, großer Glanzartikel der Warenhäuser, riecht nach lakkiertem Blech, nach Tannennadeln und Grammophon, nach übermüdeten, heimlich fluchenden Austrägern und Postboten, nach verlegener Feierlichkeit in Bürgerzimmern unterm aufgeputzten Baum, nach Zeitungsextrabeilagen und Annoncenbetrieb, kurz, nach tausend Dingen, die mir alle bitter verhaßt und zuwider sind, und die mir alle viel gleichgültiger und lächerlicher vorkämen, wenn sie nicht den Namen des Heilands und die Erinnerungen unserer zartesten Jahre so furchtbar mißbrauchten.

Nun, sprechen wir also nicht von Weihnachten – es kämen dabei ja doch lauter Verlegenheiten heraus, zum Beispiel, daß ich noch immer keine Ahnung habe, was ich meiner Freundin schenken soll, und ob zwanzig Mark für die Köchin richtig ist –, ach und wenn ich doch den Freund S. daran hindern könnte, mir wieder ein so kostbares und dabei so jämmerlich unnützes Geschenk zu machen wie im letzten Jahr! Oder, falls es sich nicht ganz vermeiden läßt, an die Weihnacht zu denken, so laßt mich an jene wirkliche und echte Weihnachtsvorfreude denken, die ich auch heute noch, als enttäuschter und einsamer Mensch, zu empfinden vermag: an die Freude beim Herstellen jener Weihnachtsgeschenke, die ich auch heute noch, wie einst in den Knabenzeiten, für einige meiner Freunde mit eigener Hand herzustellen gewohnt bin, kleine Hefte mit neuen, hand-

geschriebenen Gedichten; Blätter mit Landschaftsaquarellen und dergleichen Dinge.

Nun, trotz allen widerstreitenden und beklemmten Gefühlen muß ich sagen: an manchen Abenden im Dezember, wenn es nach trübem, verschleiertem Nachmittag in den Geschäftsstraßen aufzuflammen beginnt, wenn alle die farbigen und grellen Schimmer aus den Schaufenstern auf den feuchten oder beschneiten Asphalt herausfallen und die Straße etwas festlich Belebtes bekommt, dann macht dieser verlogene, heftige Weihnachtsbetrieb mit seiner lichten Außenseite mir doch einigen Spaß, und ich kann dann eine Stunde lang gerade in jenem Stadtteil bummeln, den ich sonst vermeide, und kann eine Stunde lang verloren und gefesselt an den strahlenden Läden hinstreichen, ins Schauen verloren. Es träumt mir dann, ich sei ein Kalifensohn aus Bagdad und sei nach langer, abenteuerlicher Reise, aus Todesgefahr und bitterer Gefangenschaft entronnen, in eine leuchtende Stadt des fernen Ostens gelangt, und mische mich entzückt und neugierig in das Gewühl um die Basare der Händler.

Nachdenken verträgt sich schlecht mit dieser Stimmung, und das Schöne an dieser abendlichen Bummelstunde ist gerade das Erlöstsein vom Denkenmüssen. Aber wenn ich dabei doch je und je ein wenig gedacht und mich selber beobachtet habe, so machte ich dabei jedesmal mit einem gewissen (manchmal lachenden, manchmal eher peinlichen) Erstaunen die Entdeckung, daß ich, der rüstige Fünfziger mit dem leicht ergrauenden Scheitel und dem milden Brillengesicht, im Grunde meiner Seele ungewöhnlich infantil geblieben oder wieder geworden sein muß. Ich bemerke dies, wenn ich mir Mühe gebe darauf zu achten, wie eigentlich diese vollen, strahlenden Schaufenster auf mich wirken und welcherlei Gegenstände es sind, die mir auffallen und die mich zu Wünschen reizen. Ich mache alsdann die Wahrnehmung, daß die Sachen, die mir gefallen und die mich lüstern zu machen vermögen, beinahe alle noch dieselben sind wie in meiner Knaben- und frühen Jugendzeit.

In der Tat, inmitten dieses schreienden und etwas negerhaften Überangebotes von Waren sind es nur wenige, die ich für meine eigene Person zu begehren vermag, und alle die Errungenschaften der neueren Technik lassen mich schrecklich kalt. Ich sehe mit Erstaunen, daß auch vor solchen Schaufenstern neugierige und begehrende Menschen stehen, in die ich nicht ohne tiefe Langeweile zu blicken vermag und vor denen meinen Schritt zu verlangsamen mir niemals einfallen würde. Das sind zum Beispiel Läden mit Kodaks, mit Grammophonen, mit Sportgeräten, mit Radioapparaten – wenn ich einen Freibrief hätte, der mir erlaubte, aus allen diesen Läden alles zu wählen, was nur irgend zu besitzen mich gelüstete, ich würde den Freibrief wegwerfen und weitergehen. Raffinierte Chronometer, witzige Rasierapparate, blitzende Mikroskope, niedliche Zimmerkinematographen – nichts von allem wäre mir auch nur das Einwickelpapier wert.

Anders steht es mit den Auslagen der Buchhändler. Obwohl auf diesem Gebiet reichlich verwöhnt und überfüttert, bleibe ich vor einem guten Buchladen doch fast immer ein wenig stehen, und nicht nur der geistige Markt interessiert mich, die Namen der Kollegen, die Anpreisungen der Verleger, sondern mindestens ebensosehr interessiert und lockt mich das Materielle dieser Bücher: ein roter Lederrücken, eine schöne englische Leinwand, ein schön getöntes Pergament, ein derbes knotiges Segeltuch als Mappenumschlag. Nun, und es sind ja auch immer wieder manche freundliche Erscheinungen in der Bücherwelt zu entdecken, wenn auch das Niveau im ganzen recht bescheiden ist. Ich sehe mit Freude die sechs braunen Bände mit Rilkes gesammelten Werken stehen und Martin Bubers Chassidische Schriften in einem Bande und Knut Hamsuns »Landstreicher« (O, August, du Teufelskerl), ich freue mich darüber, daß es neue Bände von Josef Conrad gibt, ich blinzle dem Steppenwolf zu und grüße die »Gäste« von Georg Munk, und einmal gehe ich sogar in einen Laden hinein und lasse mir ein Bilderwerk vorlegen, das ich im Fenster sah, Glasenapps »Heilige Stätten Indiens«, stehe lang über die Tafeln gebeugt, nach Indien verirrt, ergriffen davon, daß auch diese so sehr fremden, so sehr exotischen Riesentempel, Höfe, Teiche und Höhlengrotten dieselbe immer gleiche Sprache sprechen wie die französischen Kathedralen und die süditalienischen Tempel, die Sprache des Glaubens und der Hingabe, der Begeisterung und seligen Verschwendung vor dem Göttlichen.

Erinnern mich diese Buchläden an viele Begeisterungen und Begierden der Jünglingszeit, so führen andere Bilder mich noch weiter in meine Vergangenheit, ja eigentlich hätte ich sie zuerst nennen sollen. Das mit den Büchern war zwar keineswegs gelogen, aber ein klein wenig Schönfärberei war doch wohl dabei. Denn siehe, es sind andere Schaufenster und Kaufläden, vor denen ich die stärksten Eindrücke, die wärmsten Erlebnisse, die kräftigsten Wünsche habe. Mit kindlicher Bewunderung und primitiver Lust betrachte ich die verlockenden Eßwaren, und zwar am meisten die kindlichsten, die Süßigkeiten. Dem reisenden Kalifensohn kommen heftige Kindheitsbegierden zurück, wenn er diese riesigen Kristallschalen voll großer Pralinen betrachtet, diese Berge von farbig verpackten Schokoladetafeln, die üppigen Platten voll Meringues und Schokoladeschäumchen. Und in einem anderen Fenster, das unendlich viel poetischer aussieht als jene Ausstellungen von Kodaks und Lautsprechern, entzücken mich, obwohl ich seit undenklichen Zeiten keine Wurst mehr gegessen habe, die feisten glänzenden Wurstkränze, die still und trocken herabhängenden Salami, die in Stanniol gerollten, schräg angeschnittenen Leberwürste, von denen ich mir niemals eine kaufen werde, von denen ich die meisten gar nicht essen und verdauen könnte, denn Wurst ist eine Speise für Optimisten, deren Anblick mich aber dennoch bezaubert und mir eine Vorstellung von Reichtum und Wohlleben gibt. O, und ein kleiner zarter Rollschinken, ein Kleinod von einem hübschen Schinkchen, führt mich tatsächlich in Versuchung – weiß Gott, ob ich ihn mir nicht kaufen werde. Indessen stellt der nächste Laden mir noch Köstlicheres vor die Sinne: in zauberhaften Farben wie große fremde Edelsteine leuchtend sind da kandierte Früchte zu sehen, Birnen, Pfirsiche, Pistazien, Oliven, Ananas. Nichts davon werde ich mir kaufen, nichts davon könnte ich verdauen. Kandierte Früchte sind zwar keine Spezialspeise für Optimisten, o nein, aber doch mehr für Frauen und Jugendliche, jedenfalls aber nicht für schonungsbedürftige, magenzarte und etwas leidende Halbgreise. Taumelt weiter, entzückte Augen!

Es kommt ein Geschäft mit Thermosflaschen, Wärmkissen, Bauchbettflaschen und dergleichen Dingen, ein Geschäft, welchem ich Aufmerksamkeit zu schenken Grund hätte, aber ich gehe kalt vorüber. Eine richtige Apotheke hingegen fesselt mich jetzt; das ist ein Jahrmarkt, den ich gern sehe, und wenn auch mein Verstand die hier veranschaulichte Verbindung von Wissenschaft und Industrie im Zeichen des Mammons eher ironisch betrachtet, so lese ich doch auf diesen farbigen Flaschen, auf diesen hübschen seidigen Packungen und Schachteln mit Interesse und Vergnügen die vielversprechenden Namen, deren Mehrzahl in einem arg verdorbenen Griechisch erfunden sind. »Keine Gicht mehr!« verspricht eine ovale Glasdose, aber weder auf diese Dose noch auf das

Plakat »Sind Sie nervös?« lasse ich mich ein, ich hasse solche zu täppischen Fragen. Dagegen sehe ich hier und dort in Glasröhrchen, in Fläschchen, in Paketen gute Freunde liegen, Mittel, die ich kenne und schätze, und von denen es gut ist, eine kleine Auswahl im Reisekoffer zu haben. Namen nenne ich nicht – noch nie hat eine chemische Fabrik mir Rezensionsexemplare geschickt.

Herrlich leuchten die festlichen Läden. Zwei Arten von Läden gibt es, vor denen ich manchmal stehenbleibe, jedoch nicht um die Auslagen, sondern um die von ihnen angezogenen Menschen zu betrachten. Es sind die Läden, in denen man Kinderspielzeug kauft, und jene, in denen elegante Frauen für Kleidung, Schmuck, Haar und Haut, Nägel und Zehen das Nötige angeboten bekommen. Da sieht man schöne Augen, oft im prächtigen nackten Brand des primitivsten Begehrens glühend, und man stellt mit Freude fest, daß es Welten und Industriezweige gibt, deren Notwendigkeit man zwar nicht auf unmittelbarem, aber doch auf diesem indirekten Wege zu erkennen vermag.

Höchst unmittelbare Wege aber schlägt mein Begehren ein, wenn ich vor einem diskreten Fenster halte, wo ausgesuchte Marken alten Kognaks und edler Weine stehen und ebenso vor jenen blanken, schönen Fenstern, wo auf Glasscheiben die Tabake und Zigarren locken, die schweren dicken, in Stanniol gewickelten Importen, die schwarzen guten Brasilzigarren, die hübschen lichten Holländer, die köstlichen Manilas.

Und noch eine Art von Geschäften gibt es, die seit den frühesten Zeiten ihren Zauber für mich nicht verloren haben. Es sind die Läden mit Papier, mit Bleistiften, Federn, Farben, Aquarellkästen, Linealen, Zirkeln, Zeichenkohle. Da bleibe ich lange stehen, verliebt in eine Kollektion herrlicher Pariser oder Londoner Wasserfarben, in ein Bündel edler Kohinoorstifte, in eine Schachtel mit sibirischem Graphit, in Rollen und Lagen edler Papiere. So ein Hundert Bogen von einem zart-festen, soliden Büttenpapier, das wäre ein Geschenk, mit dem man mich ködern könnte!

Aber am Ende bekommt man kalte Füße, und

zum Kaufen ist ja auch ein andermal noch Zeit. Ach, wenn mir nur Freund S. zu Weihnachten nicht einen Kodak oder einen Korb Orchideen schenkt!

*(1927)*

## *Nach der Weihnacht*

Etwas beklommen sah ich in den Tagen nach dem Weihnachtsfest auf meiner Kommode die paar Päckchen herumliegen, die mir Sorge machten. Es waren Sachen, die ich geschenkt bekommen hatte, die ich aber nicht brauchen konnte, und die nun umgetauscht werden sollten. Das wird ja immer so gemacht, und in guten Geschäften haben die Verkäuferinnen sich vom Weihnachtsgeschäft her für diese Umtauschtage soviel strahlende Freundlichkeit aufbewahrt, daß es zum Erstaunen ist. Aber ich mache trotzdem solche Gänge gar nicht gerne. Schon Einkaufen fällt mir schwer, und ich schiebe es oft lange hinaus – und nun gar Umtauschen, in die Läden gehen, die Leute in Anspruch nehmen, sich aufs neue für schon erledigte Dinge interessieren! Nein, es ist mir sehr zuwider, und wenn es nur auf mich ankäme, so legte ich die unbrauchbaren Geschenke lieber in eine Schublade und ließe sie für immer da liegen.

Zum Glück war meine Freundin da, die versteht sich auf alle diese Sachen ausgezeichnet, und ich bat sie, sich meiner anzunehmen und mit mir in die drei Geschäfte zu gehen. Sie tat es gern, nicht bloß mir zuliebe, sondern auch so, es machte ihr Spaß, es war ein Sport für sie, eine Kunst, deren Ausübung ihr Freude machte. Also gingen wir miteinander in das Geschäft mit den Handschuhen, sagten Grüßgott, wickelten meine Weihnachtshandschuhe aus, und ich drehte nervös meinen Hut in der Hand und suchte nach den Redensarten, mit welchen man solche Transaktionen einzuleiten gewohnt ist, aber es glückte mir nicht gut und gerne ließ ich meiner Helferin das Wort. Und siehe, der Zauber ging leicht vonstatten, man lächelte, man nahm, Gott sei Dank, die Handschuhe zurück, und plötzlich stand ich vor einer Auswahl farbiger Hemden und durfte mir eines davon auswählen. Das paßte mir, ich spielte also den Sachverständigen, entsann mich nach einiger Versenkung meiner Kragennummer, und bald verließen wir mit einem neuen Paketchen den Laden, wo man zur Nachfeier der Geburt des

Heilandes heute den ganzen Tag Spazierstöcke, Handschuhe und Mützen umtauschte.

Auch mit der neuen Füllfeder ging es recht gut, ich mußte mich in dem überfüllten Geschäft, vor einem angenehmen Fräulein, niedersetzen, bekam ein Schreibpapier und eine Menge von Federn zur Auswahl vorgelegt, und saß da und schrieb und malte Blumen, Sterne und Initialen auf den Bogen, bis er voll war. Dann nahm ich eine von den probierten Federn mit, und wenn nun auch weiterhin das Schreiben mir mühselig werden sollte, so wird die Feder nicht daran schuld sein, es ist eine Goldfeder aus Amerika, man kann sie mit einem goldenen Hebel füllen, und dann entströmen ihr die goldenen Worte, daß es eine Freude ist. Ich brauche sie aber mehr zum Zeichnen. Dankbar steckte ich den kleinen Tintenfisch mit der Goldschnauze in die Tasche und ging weiter, ging den schweren Gang zum Optiker, dem ich gestehen mußte, daß meine neue Lesebrille mir gar keine guten Dienste leiste und daß er sie zurücknehmen und eine andere machen müsse. Beschützt von der Freundin, gestärkt durch die Erfolge mit dem Hemd und der Feder, trat ich auch in dieser gläsernen Provinz zielbewußt auf, wurde angehört, und wahrhaftig nahm der gütige Mann die Brille zurück. Nie hätte ich das gedacht. Ich hätte es an seiner Stelle nicht getan.

Der Siegeszug durch die drei gefürchteten Geschäfte, der Gang durch den frischen Winterwind mit der Freundin, die Verwandlung von drei Verlegenheitspaketen in drei erfreuliche waren Grund genug, mich froh und dankbar zu stimmen. Beim Umtausch der Handschuhe hatte ich sogar noch einen kleinen Taschenspiegel dreinbekommen, den ich meiner Begleiterin schenken konnte.

Bei der Heimkehr war ich sehr vergnügt und mochte weder an die Arbeit gehen, noch mich mit allen den noch ungelesenen Briefen befassen, die sich in den letzten Tagen angesammelt hatten. Ich erinnerte mich der Kinderzeit, und wie es da an den Tagen nach Weihnachten so schön gewesen war, bei jedem morgendlichen Erwachen und bei jeder Heimkehr sich der neuen Geschenke wieder zu bemächtigen und sich ihres Besitzes zu freuen. Einmal hatte ich eine Violine geschenkt bekommen und stand sogar in der Nacht auf, um sie anzufühlen und leise an den Saiten zu zupfen. Einmal hatte man mir den Don Quichote geschenkt, und jeder Spazier- oder Kirchgang, ja jede Mahlzeit war eine widerwärtige Unterbrechung der beglückenden Lektüre.

Diesesmal hatte ich so begeisternde Dinge nicht erhalten. Es gibt für alte Leute diesen Glanz und Zauber nicht mehr, den einst die Geige, das Buch, das Spielzeug, die Schlittschuhe hatten. Es standen drei Schachteln mit guten Zigarren da, das war tröstlich, und etwas Wein und Kognak, damit würde ich mir die Abende vertreiben. Der neue Federhalter war sehr schön, aber doch nicht geeignet, ihn ans Herz zu drücken und sich der Wonne seines Besitzes hinzugeben.

Ein Stück aber gab es, ein Geschenk, das war wirklich festlich, wirklich außerordentlich und zauberhaft, das konnte man in stillen Augenblicken hervorholen und mit Entzücken betrachten, in das konnte man sich vergucken und verlieben. Das holte ich hervor und setzte mich damit ans Fenster. Es war, unter Glas und hübsch montiert, ein herrlicher exotischer Schmetterling, er trug den schönen Namen Urania und kam aus Madagaskar hergeflogen. Der schön gebaute Falter mit schlanken kräftigen Seglerflügeln und reichem Zackenwerk am untern Flügel saß leicht schwebend auf einem Zweige, der oben grün und schwarz gestreifte Leib war unten rostrot behaart, goldgrün glänzte das Köpfchen. Grün und schwarz gemustert waren die Oberflügel, und zwar war es auf der Schauseite ein prächtiges, warm und golden strahlendes Grün, auf der Rückseite aber ein ganz kühles, zartes, silbern beflogenes Veronesergrün, in dem die kristallenen Flügelrippen edel schimmerten. Die unteren Flügel aber, die phantastisch gezackten, zeigten außer dem grün und schwarzen Muster ein großes, strahlendes Feld von tiefem Gold, das im Licht bis ins Kupferrote, ja bis ins Scharlachene spielte, launig gezeichnet von tiefschwarzen Flecken, und zuunterst war der Flügel, wie das Kleid einer Dame, am Saume mit einem feinen, kurzen, aus Blond und Schwarz gemischten Pelzchen besetzt. Außerdem aber hatte dieser Unterflügel noch ein besonderes Spiel und Merkmal: es war durch ihn eine kurze träumerische Zickzacklinie gezogen, aus reinem Weiß, die löste den ganzen Flügel gewissermaßen auf, machte ihn zu einem losen Spiel aus Luft und Goldstaub und schien jene phantastischen Zacken wie Strahlen kraftvoll von sich zu stoßen. Etwas Prächtigeres, Geheimnisvolleres, und Liebenswürdigeres als diesen Falter aus Madagaskar, als diesen luftigen afrikanischen Traum aus Grün, Schwarz und Gold hätte man auf den Weihnachtstischen der ganzen Stadt nicht finden können. Zu ihm zurückzukehren, war eine Freude; sich in seinen Anblick zu versenken ein Fest.

Eine lange Weile saß ich über den Fremdling aus Madagaskar gebückt und ließ mich von ihm bezaubern. An Vieles erinnerte er mich, an Vieles mahnte er mich, von Vielem erzählte er mir. Er war ein Gleichnis der Schönheit, ein Gleichnis des Glückes, ein Gleichnis der Kunst. Seine Form war ein Sieg über den Tod, sein Farbenspiel ein Lächeln der Überlegenheit über die Vergänglichkeit. Er war ein einziges vielstrahliges Lächeln, dieser präparierte tote Falter unterm Glas, ein Lächeln von vielen Arten, bald schien es mir kindhaft, bald uralt und weise, bald kriegerisch schmetternd, bald schmerzlich-spöttisch – so lächelt die Schönheit immer, so lächeln alle Gestaltungen, in denen das Leben scheinbar zu einer Dauer geronnen, die Schönheit des ewig Fließenden Form geworden ist, sei es nun eine Blume oder ein Tier, ein ägyptischer Kopf oder die Totenmaske eines Genies. Es war überlegen und ewig, dieses Lächeln, und war, wenn man sich daran verlor, plötzlich auch spukhaft wild und irr, es war schön und grausam, sanft und gefährlich, voll höchster Vernunft und voll wildester Tollheit. Überall, wo das Leben für einen Augenblick vollkommen gestaltet erscheint, hat es diese gegensätzlichen Aspekte. Es gibt keine edle Musik, die nicht zu manchen Stunden wie Kinderlächeln und zu andern Stunden wie tiefste Todestrauer auf uns wirkte. So ist die Schönheit immer und überall: holde Spiegel-

oberfläche, unter welcher verborgen das Chaos lauert. So ist das Glück immer und überall: entzückter Augenblick, im Aufstrahlen schon wieder erbleichend, hingeweht vom Hauch des Sterbenmüssens. So ist die hohe Kunst, die hohe Weisheit der Auserwählten immer und überall: wissendes Lächeln über Abgründen, Jasagen zum Leide, Spiel der Harmonie über dem ewigen Todeskampf der Gegensätze.

Süß blickte aus dem Goldglanz der verfließende Purpur, straff spannte sich über die Flügelrippen die feste schwarzgrüne Zeichnung, spielend zielten die schlanken Farbenzacken ihre Lichtpfeile hinaus. Holder Gast du, entzückender Fremdling! Bist du eigens aus Madagaskar hergeflogen, um mir einen Winterabend mit Farbenträumen zu füllen? Bist du eigens aus dem großen Farbkasten der ewigen Mutter entlaufen, um mir das alte Weisheitslied von der Einheit der Gegensätze zu singen, um mich wieder zu lehren, was ich schon so oft gewußt und so oft wieder vergessen habe? Hat dich eigens eine geduldige Menschenhand so sauber präpariert und auf deinem Zweige festgeleimt, um einen kranken Mann eine einsame Stunde lang mit deinen blitzenden Spielereien zu entzücken, mit deinen stillen Träumen zu trösten? Hat man dich getötet und unter ein Glas gepreßt, damit dein verewigtes Leiden und Sterben uns tröstlich sei, so wie uns das verewigte Leiden und Sterben der großen Dulder, der echten Künstler merkwürdigerweise lieb und tröstlich ist, statt uns mit seiner Verzweiflung die Seele auszuhöhlen?

Über die schimmernden Goldflügel spielt blasser das abendliche Licht, langsam erlischt das rötliche Gold und bald ist der ganze Zauber, von der Finsternis geschluckt, nicht mehr zu sehen. Aber er spielt dennoch das Spiel der Ewigkeit fort, das tapfere Künstlerspiel um die Dauer des Schönen – in meiner Seele spielt das Lied fort, in meinen Gedanken zucken die Farbenstrahlen lebendig weiter. Nicht vergeblich ist der arme schöne Falter in Madagaskar gestorben, nicht vergeblich hat eine ängstliche Hand seine Flügel und Fühlhörner und Sammetpelzchen so sauber präpariert und unvergänglich gemacht. Lange noch wird der kleine einbalsamierte Pharao mir aus seinem Sonnenreich erzählen, und wenn er längst zerfallen ist und auch ich längst zerfallen bin, dann wird irgendwo in einer Seele noch etwas von seinem seligen Spiele und weisen Lächeln blühen und wird sich weiter vererben, so wie das Gold des Tutenchamon noch heute glänzt, und das Blut des Heilands noch heute fließt.

*(1928)*

## Der Heiland

Immer wieder wird er Mensch geboren,
Spricht zu frommen, spricht zu tauben
Ohren,
Kommt uns nah und geht uns neu verloren.

Immer wieder muß er einsam ragen,
Aller Brüder Not und Sehnsucht tragen,
Immer wird er neu ans Kreuz geschlagen.

Immer wieder will sich Gott verkünden,
Will das Himmlische ins Tal der Sünden,
Will ins Fleisch der Geist, der ewige, münden.

Immer wieder, auch in diesen Tagen,
Ist der Heiland unterwegs, zu segnen,
Unsern Ängsten, Tränen, Fragen, Klagen
Mit dem stillen Blicke zu begegnen,
Den wir doch nicht zu erwidern wagen,
Weil nur Kinderaugen ihn ertragen.

*(1940)*

## *Weihnacht mit zwei Kindergeschichten*

Als unser kleines, stilles Christfest beendet war, noch vor zehn Uhr am Abend des 24. Dezember, war ich müde genug, um mich auf Nacht und Bett und vor allem darauf zu freuen, daß nun zwei ganze Tage ohne Post und ohne Zeitung vor uns lagen. Unsre große Wohnstube, die sogenannte Bibliothek, sah ebenso unordentlich und abgekämpft aus wie unser Inneres, aber viel heiterer, denn obwohl wir nur zu dreien gefeiert hatten: Hausherr, Hausfrau und Köchin, gaben doch das Tannenbäumchen mit den herabgebrannten Kerzen, das Durcheinander von farbigen, goldenen und silbernen Papieren und Bändern und auf den Tischen die Blumen, die übereinander geschichteten neuen Bücher, die teils straff teils müde und halb eingesunkenen an die Vasen gelehnten Malereien, Aquarelle, Steinzeichnungen, Holzschnitte, Kindermalereien und Photographien der Stube eine ungewohnte und festliche Überfülltheit und Bewegtheit, etwas von

Jahrmarkt und etwas von Schatzkammer, einen Hauch von Leben und von Unsinn, von Kinderei und Spielerei. Und dazu kam die Luft, die mit Düften ebenso ungeordnet und übermütig beladene Luft mit dem Neben- und Ineinander von Harz, Wachs, Verbranntem, von Backwerk, Wein, Blumen. Des weitern stauten sich im Raume und in der Stunde, wie es alten Leuten zukommt, die Bilder, Klänge und Düfte von vielen, sehr vielen Festen vergangener Jahre, siebzig und mehr Male hatte seit dem ersten großen Erlebnis die Weihnacht mich wieder besucht, und waren es bei meiner Frau manche Jahre und Christfeste weniger, so war bei ihr dafür die Fremde, die Ferne und Erloschenheit und Unwiederbringlichkeit der Heimat und Geborgenheit noch größer als bei mir. War in den letzten angestrengten Tagen das Schenken und Packen, Beschenktwerden und Auspacken, das Sichbesinnen auf echte und unechte Verpflichtungen (die sich für Vernachlässigung oft unerbittlicher rächen als jene) und die ganze etwas überhitzte und überhetzte Betriebsamkeit einer Weihnachtszeit in unsrem ruhelosen

Zeitalter schon schwer zu bewältigen gewesen, so war diese Wiederbegegnung mit den Jahren und Festen vieler Jahrzehnte eine noch strengere Aufgabe, doch war es wenigstens eine echte und sinnvolle, und die echten und sinnvollen Aufgaben haben den Segen, nicht nur zu fordern und zu zehren, sondern auch zu helfen und zu stärken. Zumal in einer aufgelösten, am Mangel an Sinn erkrankten und hinsterbenden Zivilisation gibt es ja für den Einzelnen wie für die Gemeinschaften kein anderes Heil- und Nahrungsmittel, keine andere Kraftquelle fürs Weiterleben, als die Begegnung mit dem, was allem zum Trotz unsrem Sein und Tun Sinn gibt und uns rechtfertigt. Und bei der Erinnerung an die Feste und Zusammenhänge eines ganzen Lebens, dem Lauschen auf Klänge und Regungen der Seele bis in die farbige Wildnis der Kindheit zurück, dem Blicken in geliebte längst erloschene Augen erweist sich eben doch das Vorhandensein eines Sinnes, einer Einheit, einer geheimen Mitte, um die wir, bald wissend, bald unwissend, lebenslang gekreist sind. Von den wachs- und honigduftenden from-

men Christfesten der Kindheit, in einer, wie es schien, noch heilen, vor Zerstörung sicheren, an ihre Zerstörungsmöglichkeit nicht glaubenden Welt, über alle Wandlungen, Krisen, Erschütterungen und Wiederbesinnungen unsres privaten Lebens wie unsrer Epoche hinweg hat sich in uns ein Kern erhalten, ein Sinn, eine Gnade, nicht an irgendein Dogma der Kirchen oder der Wissenschaften, sondern an das Vorhandensein einer Mitte, um die auch ein gefährdetes und gestörtes Leben sich stets aufs neue ordnen kann, ein Glaube an die Erreichbarkeit Gottes von eben diesem innersten Kern unsres Wesens aus, an die Koinzidenz dieses Zentrums mit der Gegenwart Gottes. Wo er gegenwärtig ist, mag ja auch das Häßliche und scheinbar Sinnlose ertragen werden, denn für ihn ist nirgends Erscheinung und Sinn getrennt, für ihn ist alles Sinn.

Das Bäumchen stand schon lange dunkel und ein wenig dumm auf seinem Tischchen, es brannte seit einer Weile das nüchterne elektrische Licht wie an jedem Abend, da wurden wir vor den Fenstern einer anderen Art von Helligkeit gewahr. Der Tag war wechselnd klar und verhangen gewesen, an den Hängen der Berge jenseits des Seetals standen zuweilen lang hingezogene, schmale weiße Wolken, alle in derselben Höhe, sie hatten fest und unbeweglich geschienen und waren doch, so oft man wieder hinaussah, verschwunden oder umgebaut gewesen, und beim Zunachten hatte es ausgesehen, als würden wir die Nacht über ohne Himmel sein und im Nebel stecken. Aber während wir mit unsrer Feier, unsrem Baum und seinen Kerzen, unseren Geschenken und den immer dichter kommenden Erinnerungen beschäftigt gewesen waren, hatte sich draußen mancherlei zugetragen und abgespielt. Als wir das gespürt und unser Stubenlicht gelöscht hatten, fanden wir draußen in der großen Stille eine überaus schöne, geheimnisvolle Welt liegen. Das schmale Tal zu unsern Füßen war mit Nebel angefüllt, auf dessen Oberfläche ein bleiches, aber starkes Licht spielte. Über diesem Nebelballen stiegen die beschneiten Hügel und Berge hinan, alle im selben gleichmäßigen, verteilten, aber starken Lichte stehend, und auf die weißen Tafeln waren überall die kahlen Bäume und Wälder und die schneefreien Felsgestaltungen wie mit spitzer Feder gekritzelte Buchstaben hingeschrieben, stumme, viel verschweigende Hieroglyphen und Arabesken. Oben aber über alledem wogte mit vom Vollmond durchschienenem Wolkengewimmel weiß und opalglänzend ein gewaltiger Himmel, unruhig wallend und vom Licht des vollen Mondes beherrscht, der zwischen den geisterhaft sich lösenden und wieder dichtenden Schleiern verschwand und erschien, und wenn er ein freies Stück Himmel erkämpfte, sahen wir ihn umgeben von elbisch kühlen, irisierenden Mondregenbogen, deren gleißend gleitende Farbenfolge sich in den Rändern durchschienener Wolken wiederholte. Perlig und milchig rann und rieselte das köstliche Licht durch den Himmel, glänzte schwächer unten im Nebel wider, wogte im Schwellen und Schwinden wie in lebendigen Atemzügen.

Ehe ich zu Bett ging, die Lampe brannte wieder, warf ich noch einen Blick auf meinen Gabentisch, und wie Kinder am Christabend ein paar von ihren Geschenken mit ins Schlafzimmer und womöglich mit ins Bett nehmen, nahm ich mir auch etwas mit, um es vor dem Schlafen noch ein wenig bei mir zu haben und zu betrachten. Es waren die Gaben meiner Enkelkinder: von Sibylle, der jüngsten, ein Staublappen, von Simeli eine kleine Zeichnung, ein Bauernhaus mit einem Sternhimmel darüber, von Christine zwei farbige Illustrationen zu meiner Erzählung vom Wolf, ein kraftvoll hingehauenes Gemälde von Eva und von ihrem zehnjährigen Bruder Silver ein mit seines Vaters Maschine geschriebener Brief. Ich nahm die Sachen mit ins Atelier hinüber, wo ich Silvers Brief noch einmal las, dann ließ ich sie liegen und stieg, mit schwerer Müdigkeit kämpfend, die Treppe zu meinem Schlafzimmer hinauf. Doch konnte ich noch lange Zeit nicht einschlafen, die Erlebnisse und Bilder des Abends hielten mich wach, und die nicht abzuwehrenden Reihen von Vorstellungen endeten jedesmal mit dem Brief meines Enkels, der so lautete:

Lieber Nonno! Ich will dir jetzt eine kleine Geschichte schreiben. Sie heißt: Für den lieben Gott. Paul war ein frommer Knabe. Er hatte in der Schule schon so viel vom lieben Gott gehört. Er wollte ihm jetzt auch einmal etwas schenken. Paul schaute alle seine Spielsachen an, aber alles gefiel ihm nicht. Da kam Pauls Geburtstag. Er bekam viele Spielsachen, darunter sah er einen Taler. Da rief er: Den schenke ich dem lieben Gott. Paul sagte: Ich gehe hinaus auf das Feld, dort habe ich einen schönen Platz, da wird ihn der liebe Gott sehen und ihn holen. Paul ging auf das Feld. Als Paul im Feld war, sah er ein altes Mütterlein, das mußte sich stützen. Er wurde traurig, und gab ihr den Taler. Paul sagte: Eigentlich war er für den lieben Gott. Viele Grüße von Silver Hesse.

An jenem Abend gelang es mir nicht mehr, die Erinnerung heraufzubeschwören, an die meines Enkels Erzählung mich mahnte. Erst andern Tages fand sie sich von selber ein. Ich erinnerte mich: in meiner Knabenzeit, im selben Alter, in dem jetzt mein Enkel stand, zehnjährig also, hatte ich auch einmal eine Geschichte geschrieben, um sie meiner jüngeren Schwester zum Geburtstag zu schenken, es war außer einigen Knabenversen die einzige Dichtung, vielmehr der einzige dichterische Versuch aus meiner Kindheit, der erhalten geblieben ist. Ich selbst hatte viele Jahrzehnte nichts mehr von ihm gewußt, vor einigen Jahren aber war, ich weiß nicht mehr bei welchem Anlaß, dieser kindliche Versuch wieder zu mir zurückgekehrt, durch die Hand einer meiner Schwestern vermutlich. Und obwohl ich mich seiner nur noch undeutlich erinnern konnte, schien mir doch, er habe irgendeine Ähnlichkeit oder Verwandtschaft mit der Geschichte, die mein Enkel mehr als sechzig Jahre später für mich verfaßt hatte. Aber wenn ich auch bestimmt wußte, daß meine Kindergeschichte in meinem Besitz sei, wie sollte ich sie finden? Überall vollgestopfte Schubladen, gebündelte Mappen und Briefhaufen mit Aufschriften, die nicht mehr stimmten oder nicht mehr leserlich waren, überall beschriebenes und bedrucktes Papier aus Jahren und Jahrzehnten her, aufbewahrt, weil man sich zum Wegwerfen nicht hatte entschließen können, aufbewahrt aus Pietät, aus Gewissenhaftigkeit, aus Mangel an Schneid und Entschlußkraft, aus Überschätzung des Geschriebenen, das einmal »wertvolles Material« für irgendwelche neue Arbeiten abgeben könnte, aufbewahrt und eingesargt, wie einsame alte Damen Kasten und Dachböden voll Schachteln und Schächtelchen mit Briefen, gepreßten Blumen, abgeschnittenen Kinderlöckchen aufbewahren. Unendlich vieles sammelt sich, auch wenn man das Jahr hindurch Zentner von Papier verbrennt, um einen Literaten an, der nur selten den Wohnort gewechselt hat und in die Jahre gekommen ist.

Aber ich hatte mich nun in den Wunsch festgebissen, jene Erzählung wiederzusehen, sei es auch nur, um sie mit der meines gleichaltrigen Kollegen Silver zu vergleichen oder sie vielleicht abzuschreiben und ihm als Gegengabe zu schicken. Ich plagte mich und plagte meine Frau damit einen ganzen Tag, und wirklich fand ich das Ding schließlich am unwahrscheinlichsten Platz. Die Geschichte ist im Jahr 1887 in Calw geschrieben und heißt:

*Die beiden Brüder*
(für Marulla)

Es war einmal ein Vater, der hatte zwei Söhne. Der eine war schön und stark, der andere klein und verkrüppelt, darum verachtete der Große den Kleinen. Das gefiel dem Jüngeren nun gar nicht, und er beschloß, in die weite, weite Welt zu wandern. Als er eine Strecke weit gegangen war, begegnete ihm ein Fuhrmann, und als er den fragte, wohin er fahre, sagte der Fuhrmann, er müsse den Zwergen ihre Schätze in einen Glasberg führen. Der Kleine fragte ihn, was der Lohn sei. Er bekam die Antwort, er bekomme als Lohn einige Diamanten. Da wollte der Kleine auch gern zu den Zwergen gehen. Darum fragte er den Fuhrmann, ob er glaube, daß die Zwerge ihn aufnehmen wollten. Der Fuhrmann sagte, das wisse er nicht, aber er nahm den Kleinen mit sich. Endlich kamen sie an den Glasberg, und der Aufseher der Zwerge belohnte den Fuhrmann reichlich für seine

Mühe und entließ ihn. Da bemerkte er den Kleinen und fragte ihn, was er wolle. Der Kleine sagte ihm alles. Der Zwerg sagte, er solle ihm nur nachgehen. Die Zwerge nahmen ihn gern auf, und er führte ein herrliches Leben.

Nun wollen wir auch nach dem anderen Bruder sehen. Diesem ging es lang daheim sehr gut. Aber als er älter wurde, kam er zum Militär und mußte in den Krieg. Er wurde am rechten Arm verwundet und mußte betteln. So kam der Arme auch einmal an den Glasberg und sah einen Krüppel dastehen, ahnte aber nicht, daß es sein Bruder sei. Der aber erkannte ihn gleich und fragte ihn, was er wolle. »O mein Herr, ich bin an jeder Brotrinde froh, so hungrig bin ich.« »Komm mit mir«, sagte der Kleine, und ging in eine Höhle, deren Wände von lauter Diamanten glitzerten. »Du kannst dir davon eine Handvoll nehmen, wenn du die Steine ohne Hilfe herunterbringst«, sagte der Krüppel. Der Bettler versuchte nun mit seiner einen gesunden Hand etwas von den Diamantenfelsen loszumachen, aber es ging natürlich nicht. Da sagte der Kleine: »Du hast vielleicht einen

Bruder, ich erlaube dir, daß er dir hilft.« Da fing der Bettler an zu weinen und sagte: »Wohl hatte ich einst einen Bruder, klein und verwachsen, wie Sie, aber so gutmütig und freundlich, er hätte mir gewiß geholfen, aber ich habe ihn lieblos von mir gestoßen, und ich weiß schon lang nichts mehr von ihm.« Da sagte der Kleine: »Ich bin ja dein Kleiner, du sollst keine Not leiden, bleib bei mir.«

Daß zwischen meiner Märchenerzählung und der meines Enkels und Kollegen eine Ähnlichkeit oder Verwandtschaft bestehe, ist wohl kein Irrtum des Großvaters. Ein Durchschnitts-Psychologe würde die beiden kindlichen Versuche etwa dahin deuten: jeder der beiden Erzähler sei natürlich mit dem Helden seiner Geschichte zu identifizieren, und es erdichte sich sowohl der fromme Knabe Paul wie der kleine Krüppel eine doppelte Wunscherfüllung, nämlich zunächst ein massives Beschenktwerden, sei es mit Spielzeug und Taler oder mit einem ganzen Berg voll Edelsteinen und einem geborgenen Leben bei Zwergen, bei seinesgleichen also, fern von den Großen, Erwachsenen, Normalen. Darüber hinaus aber erdichtet jeder der Märchenerzähler sich auch noch einen moralischen Ruhm, eine Tugendkrone, denn mitleidig gibt er seinen Schatz dem Armen hin (was in Wirklichkeit weder der zehnjährige Alte noch der zehnjährige Junge getan hätte). Das mag wohl stimmen, ich habe nichts dagegen. Aber es scheint mir auch, daß die Wunscherfüllung sich im Bereich des Imaginären und Spielerischen vollziehe, wenigstens kann ich von mir sagen, daß ich im Alter von zehn Jahren weder Kapitalist noch Juwelenhändler war und bestimmt noch niemals mit Wissen einen Diamanten gesehen hatte. Dagegen waren manche Grimmsche Märchen und war vielleicht auch Aladin mit der Wunderlampe mir schon bekannt, und der Edelsteinberg war für das Kind weniger eine Vorstellung von Reichtum als ein Traum von unerhörter Schönheit und Zaubermacht. Und eigentümlich kam mir auch dies vor, daß in meinem Märchen kein lieber Gott vorkommt, obwohl er für mich vermutlich selbstverständlicher und realer war als für den

Enkel, der erst »in der Schule« auf ihn neugierig geworden war.

Schade, daß das Leben so kurz und so sehr mit aktuellen, scheinbar wichtigen und unumgänglichen Pflichten und Aufgaben überstopft ist; manchmal wagt man des Morgens ja kaum das Bett zu verlassen, weil man weiß, daß der große Schreibtisch noch übervoll von Unerledigtem liegt und tagsüber die Post den Haufen noch zweimal erhöhen wird. Sonst wäre mit den beiden Kindermanuskripten noch manches amüsante und nachdenkliche Spiel zu treiben. Mir schiene zum Beispiel nichts spannender als eine vergleichende Untersuchung von Stil und Syntax in den beiden Versuchen. Aber für so hübsche Spiele ist nun einmal unser Leben nicht lang genug. Auch wäre es am Ende nicht angezeigt, den um dreiundsechzig Jahre jüngeren von den beiden Autoren durch Analyse und Kritik, durch Anerkennung oder Tadel vielleicht in seiner Entwicklung zu beeinflussen. Denn aus ihm kann unter Umständen ja noch etwas werden, nicht aber aus dem Alten.

*(1950)*

## *Weihnachtsgaben*
Ein Rückblick

Unter den vielen Sachen, die in der Weihnachtszeit der Briefträger zu mir heraufschleppt, sind neben den Gaben und Briefen der Nächsten immer auch manche teils wunderliche und oft rätselhafte, teils ganz intime und entzückende Überraschungen.
Aus einem Garten in Basel, dessen Besitzerin mich überdies mit guten Sachen reich beschenkte, kam dank der seltsamen Witterung dieses Winters wohlbehalten ein liebevoll verpackter und noch liebevoller gebundener Strauß in den Farben Rotbraun, Violett, Rosa und etwas Weiß, Zweige und Steingartenpflanzen in herbstlichen Tönen verfärbt, kleine harte Rosenknospen dazwischen, auch ein paar rote und weiße Beeren, ein verspätetes Oktobergedicht von klagender Melodik. Es war mit zartestem Gefühl von erfahrener Gärtnerinnenhand zusammengestellt, Nachklang eines vermutlich üppigen Gartenherbstes, und es erinnerte mich an frühe Tage, an meine Mutter,

die eine große Blumenfreundin und Straußdichterin war; sie hatte ihren Geburtstag im Oktober, da schmückten wir jedes Jahr ihren Tisch mit allem Farbigen, was unser Schwarzwaldtal noch herzugeben vermochte, und Adele war es, deren Geschick und Geschmack im Sträußebinden dem der Mutter am nächsten kam.

Und noch ein andres Geschenk erinnerte mich an die Kindheit und Mutter, ja kam unmittelbar von ihr: ein leicht angegilbtes Briefblatt von ihrer Hand, wunderbar leicht, flüssig, elastisch und klar hingeschrieben. Es war ein Brief aus dem Sommer 1883, datiert vom Schloß Wildegg im Aargau, wo sie mit der kleinen Marulla, die vom Keuchhusten genesen sollte, kurze Zeit Gast der letzten Schloßherrin, des Fräuleins von Effinger, war. Eine Verwandte hatte mir den Brief geschenkt, ein teures Andenken. Er ist an meinen Stiefbruder Karl gerichtet, der damals Lateinschüler in Göppingen war, und schildert das Schloß und dessen Herrin sehr anschaulich. Und wie ich da vom Rittersaal, von den nächtlich seufzenden Eulen, den im Sturm sich beugenden Bäumen und dem Fräulein von Effinger lese – »sie ist wie ein Mann, regiert und fürchtet sich vor niemand und nichts« –, da will mir scheinen, ich lese das nicht zum erstenmal, und wenn auch einst die Mutter uns unersättlichen Kindern von jenem Schloßbesuch lebhaft erzählt hat, so konnte es doch kaum möglich sein, daß diese Erzählungen bis ins einzelne Wort mir im Gedächtnis geblieben wären. Ich suchte also die Biographie unserer Mutter heraus, die aus ihren eigenen Tagebüchern und Briefen zusammengestellt ist, und richtig, da steht dieser Brief an den Lateinschüler Karl, dessen Original ich in Händen hielt, abgedruckt, allerdings nur auszugsweise. Nicht im Buch stehen unter andrem die lateinischen Sprüche, die der Schloßgast in Haus und Garten entdeckt und für den Sohn, einen eifrigen Lateiner, abgeschrieben hat. Ein paar von ihnen notiere ich mir:

Omnia prudenter et respice finem.
Nomen bonum melius quam divitiae multae.

Omnia cum Deo,
Sine Suo nomine
Nihil est in homine.*

Sonderbar kreuzen sich in mir die Erinnerungen. Jener Knabe Karl war es ja, der im Alter von etwa acht Jahren den Vorsatz faßte, das Neue Testament ins Lateinische zu übersetzen. Und jenes Knaben Karl Sohn Carlo war es, der ein paar Jahrzehnte später meiner Schwester bei der Zusammenstellung der mütterlichen Lebensdokumente geholfen hat. Und dieser mein Neffe Carlo Isenberg wurde mir gleich seinem Vater ein sehr lieber Freund und hat im »Glasperlenspiel« als Carlo Ferromonte sein wohlverdientes Denkmal gefunden.

Eines Menschen Leben und eines Dichters Werk wächst aus hundert und tausend Wurzeln und nimmt, solang es nicht abgeschlossen ist, hundert und tausend neue Beziehungen und Verbindungen auf, und wenn es einmal

---

* Behandle alles klug und bedenke das Ende. Ein guter Name ist besser als viel Reichtum. Tue alles mit Gott, ohne seinen Namen ist der Mensch nichts.

geschähe, daß ein Menschenleben von seinem Beginn bis zum Ende aufgeschrieben würde samt allen diesen Verwurzelungen und Verflechtungen, so würde das ein Epos ergeben, so reich wie die ganze Weltgeschichte. Wer alt geworden ist und darauf achtet, der kann beobachten, wie trotz dem Schwinden der Kräfte und Potenzen ein Leben noch spät und bis zuletzt mit jedem Jahr das unendliche Netz seiner Beziehungen und Verflechtungen vergrößert und vervielfältigt und wie, solange ein Gedächtnis wach ist, doch von all dem Vergänglichen und Vergangenen nichts verlorengeht. Längst lebt weder meine Mutter noch ihr Sohn Karl noch ihr Enkel Carlo mehr, aber ihrer aller Spur ist in meinem Leben und ist in den Büchern, die ich geschrieben habe, weiter lebendig und vielleicht noch eine Weile über mich hinaus wirkend. Und die Urenkel meiner Mutter, die Enkel Karls und Kinder Carlos, schreiben mir heute noch ihre jugendlichen Briefchen oder schicken mir ihre Malereien. Und auch die Namen, scheint es, haben eine Neigung zu Fortbestand und Verewigung. Mein ganzes Leben lang war mir nur eine einzige Marulla bekannt. Gestern aber wurde in der Familie alter Freunde ein Enkelkind, ein Mädchen, geboren, und es wurde mir geschrieben, das Kind werde meinet- und meiner Schwester wegen Marulla heißen.

Und nun kann ich noch von einem weiteren ungewöhnlichen, ebenso sonderbaren wie erfreuenden Weihnachtsgeschenk berichten. Ich hatte in Deutschland einen Leser, einen gebildeten und kunstfreundlichen Arzt, der mir einige Male freundlich schrieb und häufig kleine Privat- oder Separatdrucke von mir bekam. Er starb vor einigen Jahren, seine Witwe aber hielt die Verbindung mit mir aufrecht, und sie wollte mich in Erwiderung meiner kleinen Gaben zur Weihnacht beschenken. Sie tat es mit einer sehr unerwarteten und originellen Gabe, einem dicken, hübsch gebundenen Buch mit goldgeprägtem Rückentitel »Cervantes Don Quijote«.

Nun hatte ich einst einen sehr schönen und seltenen Don Quijote besessen, den von Ludwig Tieck übersetzten vierbändigen in der Erstausgabe; er war mir irgend einmal abhanden gekommen und hatte keinen würdigen Ersatz gefunden. So hielt ich denn den aus der Verpakkung geschälten schönen Band mit Seidenbezug und braunem Lederrücken überrascht und vergnügt in Händen, befühlte die gut gearbeiteten Bünde, las zärtlich den Rückentitel, schlug das Buch dann auf und prallte beinah zurück, denn es war keineswegs eine deutsche, sondern eine spanische Ausgabe im Originaltext. Eine schöne Sache zwar, aber was sollte ich damit anfangen, ich habe es in den modernen Sprachen nie zu etwas gebracht, und Spanisch verstand ich kein Wort. – Aber es lag dem Buche ein Briefchen der Spenderin bei, darin wurde mir mitgeteilt, der Cervantes stamme aus dem Besitz von Joachim Ringelnatz, sie habe ihn einst in einem Antiquariat entdeckt und ihrem Manne geschenkt, und jetzt solle er mir gehören. Es solle eine Überraschung und hoffentlich eine Freude für mich sein, denn auf einem der letzten Blätter stehe ein unveröffentlichtes Gedicht von der Hand des früheren Besitzers.

Und auch diese Gabe weckte Scheintotes auf und beschwor lang nicht mehr gepflegte Erinnerungen. Mit dem Namen Ringelnatz wurde wieder eines jener Geflechte angerührt, aus ganz anderen Zeiten und Schichten meines Lebens. Ich schlug jene Seite auf dem Schlußblatt des Bandes nach, da stand von des Dichters Hand in kleiner, sehr hübscher Schrift wahrhaftig ein Gedicht mit voller Namensunterschrift nebst ein paar nur teilweise verständlichen Notizen, auch war ein aus einer Illustrierten geschnittenes Bild sauber eingeklebt, die Reproduktion eines der Don Quijote-Bilder von Daumier: am dicken Stamm einer Eiche lehnt schlafend der gepanzerte Ritter, neben ihm in kindlichem Schlummer Sancho Pansa, hinten im Gelände klein und verloren steht Rosinante. Beim Anblick des Bildes fiel mir sogleich die allererste Ausgabe des Don Quijote ein, die ich gesehen habe. Ich war ein Knabe, etwa zwölf Jahre alt. Mein Vater hatte einmal im Gespräch das fremde Wort Don Quijote gebraucht, ich hatte ihn nach dessen Bedeutung gefragt und von ihm die Geschichte des irrenden Ritters von der Mancha in großen Umrissen erfahren. Ich war von ihr hoch entzückt, und an der nächsten Weihnacht fand ich, neben einem großen Blatt dünnen Ahornholzes für die Laubsäge und anderen kindlichen Wunscherfüllungen, den Don Quijote liegen, eine für die Jugend gekürzte und bearbeitete Ausgabe mit zwei oder drei farbigen Bildern, von denen mir heute scheint, sie seien vom Illustrator nicht ohne Anlehnung an Daumier hergestellt worden. Die Bearbeitung kann nicht ganz schlecht gewesen sein, wenigstens erschien mir schon damals bei der ersten Lektüre die Gestalt des Ritters durchaus in der wunderbaren Doppelbeleuchtung, halb komisch, halb rührend-tragisch, die sie von Jahrhundert zu Jahrhundert Millionen von naiven und von raffinierten Lesern teuer gemacht hat. Man spürt da als jugendlicher Leser etwas ganz Eigenes, auf lustvolle Weise Beklemmendes, eine Mischung von Spaß und Rührung, sogar mit einem Anflug von schlechtem Gewissen, denn während man den tollkühnen Narren mit seinen Windmühlen kämpfen und ihnen unterliegen sieht, schämt man sich ein wenig des Lachens, das man doch nicht unterdrücken kann.

Weit stärker aber als Daumiers Bild und als die Erinnerung an jene Kinderweihnacht war das, was durch den Namen Ringelnatz und durch das Blatt mit seiner schönen, merkwürdig präzisen Handschrift in mir aufgerufen wurde. Es war die phantastische Gestalt des Humoristen und fahrenden Sängers, der ich einigemal in kollegialer Sympathie begegnet war, und hinter ihr die Atmosphäre jenes Vorkriegs-München, in dem ich in jungen Jahren einige Zeit als Mitarbeiter des »Simplizissimus« und Mitbegründer des »März« mich häufig gastweise aufhielt. Zwar lernte ich Ringelnatz damals noch nicht kennen, wohl aber seine Umwelt und ihr Klima, eine vergnügte, anscheinend sorgenlose Welt ewigen Karnevals, die in der Zeit vor 1914 und vor Hitler nicht nur hübsch und genießbar, sondern sogar für kurze Dauer entzückend und faszinierend war.

Später freilich, als ich den Kabarettisten und Varietéhumoristen Ringelnatz auch persönlich

kennenlernte, war dieser Zauber längst gebrochen. Desto leichter wurde es mir zu erkennen, daß dieser sächsische Humorist im Matrosenkleid wenig mit jenem phäakischen Vorkriegs-München gemein hatte. Viel eher war er selber eine Art Don Quijote, ein adliger Schwärmer edler Art mit einem Dichterherzen und einem kleinen Vogel im ritterlichen Kopf, ein Mann mit Knabenidealen, humoristischer Rhapsode, der einem satten und vergnügungsgierigen Publikum zwar Spaß machen, aber auch bittere Pillen zu schlucken geben wollte. Ich habe ihn im Alltag und nüchtern nicht gekannt, ich kannte ihn nur im Zustand halber Trunkenheit, einer mehr traurig-trotzigen als heiteren Trunkenheit, etwas starr blickend etwa wie ein Seiltänzer auf hohem Turmseil, der todesernst im bunten Kostüm über der bezauberten Menge seinen einsamen und lebensgefährlichen Weg schreitet.

Dieser merkwürdige Mann, dieser einsame Seiltänzer und als Humorist verkleidete Dichter voll schöner Träume, dieser irrende Ritter von der seltsamen Gestalt also hatte selbst einen

Don Quijote besessen und hatte ihn sich sehr schön einbinden lassen, und zwar weder einen für die deutsche Jugend bearbeiteten oder überhaupt verdeutschten, sondern einen ungekürzten spanischen. Und er hatte Verse hineingeschrieben, Verse von jenem halbtrunkenen Schweben zwischen den Welten des Dichters und des Bajazzo, halbtrunkene Verse, deren Schrift und deren Anordnung auf dem Blatt weißen Büttenpapiers aber von klarstem Bewußtsein und Ordnungssinn sprachen. Und nach manchen Umwegen war das Buch und waren die Verse des seit zwanzig Jahren begrabenen Kollegen in mein Haus und auf meinen Weihnachtstisch gelangt. Es war nicht mehr ein Geschenk und eine festliche Entzückung, wie es einst der farbige, für Kinder gekürzte Don Quijote jener Weihnacht gewesen war, aber ein kleines Wunder und eine Freude war es doch.

Das Gedicht, das der halbtrunkene Matrose in sein spanisches Buch geschrieben hat, lautet:

## Don Quijote

Die Winde gehen weiter
Und sind auf einmal wieder da,
Sind wütend, lau oder heiter
Dir wieder nah.

Wie jede Wolke – die gelbe,
Die graue, die vorige – wiederkehrt
Verändert, doch immer dieselbe,
Ist das nicht begrüßenswert?

Ein Schutzmann ist keine Tante. –
Frage die Wolke, frage den Wind:
Warum Bekannte
Nicht immer Freunde sind.

Es gibt so viel Bekanntes
In der Welt. –
Darum hat Cervantes
Den Don Quijote aufgestellt.

*(1956)*

*Zur Weihnacht*
*von Ihrem*

*H. Hesse*

*Widmung im Band »Die Gedichte«*
*für Gunter Böhmer, 1942*

# Nachwort

Weihnachten, in unseren Breitengraden die kalte Zeit der kurzen Tage und langen Dunkelheit, war schon in vorchristlichen Jahrhunderten ein Lichterfest, das mit besonderer Freude und Intimität begangen wurde. Seit der Christianisierung bekam es durch die anrührende Legende von der ärmlichen Geburt des durch den römischen Statthalter verfolgten Messias eine zusätzliche Bedeutung und Innigkeit, die es zu einem Inbegriff familiärer Geborgenheit, christlicher Nächstenliebe und friedlicher Koexistenz gemacht hat.
Wer wie Hermann Hesse als Sohn protestantischer Missionare noch vor der Wende vom 19. zum 20. Jahrhundert in einem kinderreichen Haushalt pietistischer Theologen aufgewachsen ist, für den haben sich die Christabende seiner Kindheit als Erlebnisse von einer Stimmigkeit eingeprägt, wie sie durch spätere Weihnachtsfeste kaum mehr zu übertreffen sind. Noch fünfzig Jahre danach, im Rückblick auf

die Lebensgeschichte seines Bruders Hans, beschreibt er einen solchen Abend, wie er in seinem schwäbischen Heimatstädtchen begangen wurde, und sein Bedauern, schon im Alter von 13 Jahren der ungebrochenen Gläubigkeit seiner Familie und der arglosen Hingabe und Begeisterung seines jüngeren Bruders entwachsen zu sein. Weil aber die vom Vater alljährlich mit dem Weihnachtsevangelium vorgetragenen Ideale durch die Lebensführung seiner Familie beglaubigt waren, weil Hesse sie nicht nur als sentimentale Deklamation unter dem Christbaum, sondern auch im Alltag praktiziert erlebte, blieb ihm der Zauber dieses Festes haften als eine schöne und verpflichtende Erinnerung, deren Inhalten gerecht zu werden, er auf unkonventionellere Weise lebenslang bemüht war.

Einen ersten Niederschlag fand dies in seinem frühesten dramatischen Versuch mit dem Titel »Ein Weihnachtsabend«, den Hesse während seiner Zeit als Lateinschüler in Göppingen verfaßt hat. Leider ist das Manuskript dieses kleinen, einaktigen Trauerspiels verloren gegangen.

Wir wissen davon nur aus einem Brief, den er am 30. November 1890 an seine Eltern gerichtet hat. Es muß eine an Andersens Märchen vom »Kleinen Mädchen mit den Schwefelhölzern« erinnernde Handlung gehabt haben, von einem fiebernden Kind, das sich an einem Weihnachtsabend auf den Weg macht, um seine tote Mutter im Paradies zu finden, und dabei ums Leben kommt.

In einer Welt aber, welche für Hesse fast nur aus »Sonntagschristen mit Werktagsidealen« bestand, die Weihnachtsbotschaft vom »Frieden auf Erden« und ihre altruistische Hilfsbereitschaft ernstnehmen zu können, ist nicht einfach, erst recht nicht, wenn man ein überdurchschnittliches Sensorium für die Widersprüche zwischen Schein und Sein hat. Es machte Hesse zwar nicht wie Nietzsche zum Antichristen aus Verzweiflung darüber, wie sehr die Inhalte der Überlieferung verraten wurden durch den kompromittierenden Gebrauch, der davon gemacht wird, aber es führte auch ihn auf allerlei Umwege, bis er schließlich über indische, chinesische und zen-buddhistische Weltbilder die

Möglichkeit fand, diese mit seiner christlichen Herkunft zu vereinbaren.

Bis zu seinem vierzigsten Lebensjahr, solange seine Ehe noch intakt war und er im Kreis der Familie mit seinen Kindern Weihnachten feiern konnte, blieb ihm das alljährliche Ritual erträglich, aber im Verlauf des Ersten Weltkriegs und erst recht während der krisenhaften »Steppenwolf«-Jahre verschärfte sich seine Kritik: »Von allen Seiten umgibt und umschnürt mich die verfluchte Weihnachtsstimmung«, schrieb er im Dezember 1925 an Hugo Ball, »mit ihrer von Jahr zu Jahr unleidlicher werdenden Sentimentalität und Familiarität, wo ich das ›Fest‹ zubringen werde, weiß ich noch nicht, entweder hier in Zürich in irgendeiner Kneipe oder drüben in Baden [einem Kurort bei Zürich] ... Ich selber habe vor Familie und Weihnachten und Geschenken und allem Getue der verlogenen Sentimentalität des sogenannten Familienlebens einen solchen Ekel, daß ich nicht hingehen kann.« Und noch 1950 schreibt er zum 24. Dezember an Fritz Leuthold: »Wenn man an einem einzigen Beispiel zeigen wollte, wie

unser entartetes Leben im technischen Zeitalter auch das Liebenswerte und Heilige verdirbt und ins Gegenteil verkehrt, dann würde das Beispiel der Weihnacht genügen: aus der rührenden Legende vom Kind im Stall von Bethlehem ist dieser verrückte und aufreibende Betrieb geworden, den wir heut Weihnacht nennen. Ich habe davon, glaube ich, zum erstenmal während des ersten Krieges in einem Aufsatz gesprochen und wie sehr hat sich das Bild seither noch verzerrt und vergröbert!«
Diese Reizbarkeit zieht sich nicht nur durch fast alle seiner seit 1917 zu weihnachtlichen Anlässen veröffentlichten Betrachtungen, sondern auch durch seine private Korrespondenz, in den seltenen Fällen, wo er überhaupt dazu Stellung nimmt. Fast nur nahen Freunden oder Verwandten gibt er darüber Auskunft, wie z.B. seinem Vetter Fritz Gundert im Januar 1929: »An Weihnachten pflegt bei mir nichts los zu sein. Meine persönliche, an die Kinderfreuden anklingende Festfreude jedes Jahr besteht darin, daß ich in den Wochen vorher für einige Freunde Handarbeiten herstelle, kleine Male-

reien oder Handschriften oder beides, und diese Handarbeiten sind es, die mir dabei Spaß machen und ein Stück Kindheit wiederbringen. Am Fest selber tue ich nichts, sondern lasse mich einladen und bin dann halt dabei, ohne heftige Schwingungen.« Dem Maler Hans Sturzenegger schreibt er im Dezember 1930: »Es ist ja drollig, mit was für Orgien an Arbeit und Geldjagd die Geschäftsleute den Geburtstag des Heilands feiern.« Und nach dem ersten Weihnachtsfest im neubezogenen Haus von Montagnola berichtet er 1932 seiner Schwester Adele: »Wir haben gestern Bescherung gehabt. Es war hübsch und es wurde viel geschenkt, auch ein Bäumchen war da mit Kerzen. Ich konnte Ninon\* einiges schenken, was ihr Freude machte und wurde selber sehr beschenkt. Aber es war mir, wie mein ganzes jetziges Leben, alles doch viel zu hübsch, zu bürgerlich, spielerisch und oberflächlich. Ich möchte, wenn ich etwas zu sagen hätte, viel lieber keinen Baum und keine Dienstboten vor überladenen

---

\* Ninon Dolbin, geb. Ausländer (1895-1966), die er im November 1931 geheiratet hatte.

Geschenktischen stehen haben, für die man vorher 14 Tage sich nervös gesorgt hat. Ich hatte Freude, wurde aber sehr rasch müde und dachte an den alten Tolstoi, der sein Leben lang aus den gedeckten Tischen und wohlhabenden Manieren nicht recht heraus kam und im hohen Greisenalter heimlich weglief, um wenigstens draußen auf der Landstraße zu sterben. Kurz, es war mir etwas zu hübsch, und alle die Schachteln mit guten Zigarren von Freunden, und die Schachteln mit Pralinés, und die Flaschen mit altem Cognac – es war wie bei einem Kommerzienrat, ich schämte mich eigentlich.«

Eine Begleiterscheinung der nach der Verleihung des Nobelpreises immer größer werdenden Postflut war auch die sprunghaft ansteigende Vermehrung der Zuschriften von Unbekannten, die den kalendarischen Anlaß traditioneller Feste wie Weihnachten, Neujahr, Ostern oder Geburtstage dazu nutzten, Kontakt mit Hesse aufzunehmen, in der Hoffnung darauf, daß das Gebot der Höflichkeit ihn zu einer Antwort veranlassen werde. Wie sehr diese Sozialarbeit, so freundlich die Briefe oft auch gemeint sein mochten, ihn daran hinderte, seiner eigentlichen, der literarischen Arbeit nachzukommen, zeigt ein Ende der fünfziger Jahre an den baltischen Verwandten und Pianisten Kurt Lichdi gerichteter Brief des Achtzigjährigen, in dem es heißt: »Weihnachten und Neujahr sind, alles in allem, Feste die ich gern entbehren würde. Die Belastung wächst noch immer, während meine Kräfte schnell abnehmen. Die Hunderte von gutgemeinten und zum Teil auch lieben Briefe, fast alle von Unbekannten, übersteigen mein Aufnahmevermögen, auch jetzt noch liegt ein großer Stoß umfangreicher Briefe ungelesen, obwohl ich seit Mitte Dezember Tag für Tag einige Stunden am Abarbeiten bin.« Daß er sich dieser Spielart der Nächstenliebe dennoch nicht verweigert hat, zeigen seine vielen Antworten und erweisen einmal mehr, daß bei einem Dichter wie ihm das Mitmenschliche letztlich doch stärker war als seine Abneigung gegen sinnentleerte Konventionen.

Die hier zumeist in der Folge ihrer Entstehung

zu einem Themenband geordneten Betrachtungen und Gedichte unterscheiden sich von den Beiträgen der gängigen Weihnachtsbücher durch die Verweigerung, zu beschönigen. Angesichts der kommerziellen Ausbeutung emotionaler Bedürfnisse durch Warenhausbeschallung mit Kirchenliedern, der fließbandgefertigten Schokoladennikoläuse und Marzipankrippen können wir von Jahr zu Jahr besser verstehen, warum es Hesse unmöglich war, ein mißbrauchtes Brauchtum rührselig zu verklären.

*Frankfurt am Main im September 2001*
*Volker Michels*

# *Quellennachweis*

*[Unter dem Christbaum]:* Teildruck aus dem Gedenkblatt »Erinnerung an Hans«. Erstveröffentlichung in »Corona«, Zürich/München/Berlin. Heft II, Mai 1936. Erstmals in Buchform in H. Hesse, »Gedenkblätter«, S. Fischer Verlag Berlin, 1937.
*Zum Weihnachtsfest*: Erstveröffentlichung in »Neues Wiener Tageblatt« vom 25. 12. 1907. Erstmals in Buchform in H. Hesse »Die Kunst des Müßigganges«. Kurze Prosa aus dem Nachlaß. Herausgegeben von Volker Michels. Suhrkamp Verlag Frankfurt am Main, 1973.
*Zu Weihnachten:* Erstveröffentlichung in »Deutsche Interniertenzeitung«, Bern vom 16. 12. 1917. Hier erstmals in Buchform.
*Weihnacht*: Erstveröffentlichung in »Neue Zürcher Zeitung« vom 25. 12. 1917. Erstmals in Buchform in H. Hesse, »Betrachtungen«, S. Fischer Verlag Berlin 1928.
*Schaufenster vor Weihnachten*: Erstveröffentlichung in »Berliner Tageblatt« vom 11. 12. 1927. Erstmals in Buchform in H. Hesse, »Die Kunst des Müßiggangs«, a.a.O.
*Nach der Weihnacht:* Erstveröffentlichung u. d. T. »Nachweihnacht« in »Berliner Tageblatt« vom 1. 1. 1928. Erstmals in Buchform in H. Hesse, »Die Kunst des Müßiggangs«, a.a.O.
*Weihnacht mit zwei Kindergeschichten:* Erstveröffentlichung in »Neue Zürcher Zeitung« vom 6. 1. 1951 Erst-

mals in Buchform in H. Hesse, »Späte Prosa«, Suhrkamp Verlag, Berlin, 1951.

*Weihnachtsgaben:* Ein Rückblick. Erstveröffentlichung in »Neue Zürcher Zeitung« vom 24. 1. 1956. Erstmals in Buchform in H. Hesse, »Briefe an Freunde«. Rundbriefe 1946 bis 1962. Herausgegeben von Volker Michels, Suhrkamp Verlag, Frankfurt am Main 1977.

Die hier aufgenommenen Weihnachts- und Wintergedichte stammen aus H. Hesse, »Die Gedichte«. Erweiterte Ausgabe, Suhrkamp Verlag, Frankfurt am Main 1977.

*Inhalt*

[Unter dem Christbaum] 9
Weihnachtsabend 22
Zum Weihnachtsfest 24
Dezember 30
Ski-Rast 31
In Weihnachtszeiten 33
Heilands Geburtstag 34
Assistono diversi santi 35
Zu Weihnachten 36
Winternacht 39
Weihnacht 40
Weihnacht des Alten 48
Schaufenster vor Weihnachten 50
Nach der Weihnacht 63
Der Heiland 76
Weihnacht mit zwei Kindergeschichten 77
Weihnachtsgaben 93

*Nachwort* 109
*Quellennachweis* 118

Hermann Hesse
im Großdruck
insel taschenbuch

*Bäume.* Betrachtungen und Gedichte.
Mit Fotografien. it 2378. 144 Seiten

*Eigensinn macht Spaß.* Individuation und
Anpassung. Ein Lesebuch. it 2373. 275 Seiten

*Glück.* Späte Prosa. Betrachtungen
it 2407. 272 Seiten

*Jahreszeiten.* Betrachtungen, Gedichte und
Aquarelle. it 2339. 171 Seiten

*Jedem Anfang wohnt ein Zauber inne*
Lebensstufen. Ein Lesebuch
it 2357. 281 Seiten

*Kinderseele.* Erzählungen. it 2381. 115 Seiten

*Kurgast.* it 2386. 240 Seiten

*Lebenszeiten.* Ein Brevier, ediert von
Siegfried Unseld. Mit Abbildungen und
Dokumenten. it 2343. 290 Seiten

*Die Märchen.* it 2349. 428 Seiten

Hermann Hesse
im Großdruck
insel taschenbuch

*Mit der Reife wird man immer jünger.*
Betrachtungen und Gedichte über das Alter.
Mit Fotografien. it 2311. 191 Seiten

*Vogel.* Ein Märchen.
Mit Illustrationen von Gunter Böhmer
it 2399. 80 Seiten

*Wanderung.* Aufzeichnungen. Mit 14 Aquarellen
des Verfassers. it 2354. 136 Seiten

*Wolken.* Betrachtungen und Gedichte.
Mit Bildern von Thomas Schmid
it 2367. 189 Seiten

Großdruck
im insel taschenbuch
Eine Auswahl

*Tschingis Aitmatow.* Dshamilja. Erzählung
it 2323. 139 Seiten

*Isabel Allende*
- Das Geisterhaus. Roman
  it 2341. 740 Seiten
- Geschenk für eine Braut. Geschichten
  it 2384. 137 Seiten

*Elizabeth von Arnim*
- Elizabeth und ihr Garten. Roman
  it 2338. 216 Seiten
- Verzauberter April. Roman
  it 2346. 370 Seiten

*Augustinus.* Liebe und tu, was du willst
it 2382. 90 Seiten

*Jane Austen.* Verstand und Gefühl. Roman
Mit Illustrationen. it 2365. 618 Seiten

*Emily Brontë.* Die Sturmhöhe. Roman
it 2348. 598 Seiten

Großdruck
im insel taschenbuch
Eine Auswahl

*Annette von Droste-Hülshoff.* Die Judenbuche.
it 2405. 128 Seiten

*Epiktet.* Wege zum glücklichen Handeln
it 2359. 232 Seiten

*Epikur.* Philosophie der Freude
it 2390. 136 Seiten

*Max Frisch.* Homo faber. it 2344. 298 Seiten

*Johann Wolfgang Goethe.* Ob ich dich liebe
weiß ich nicht. Liebesgedichte
it 2396. 175 Seiten

*André Kaminski.* Nächstes Jahr in Jerusalem.
Roman. it 2334. 491 Seiten

*Marie-Luise Kaschnitz.* Der alte Garten.
Ein Märchen. it 2394. 288 Seiten

*Ephraim Kishon.* Zu Auskünften stets bereit.
it 2393. 130 Seiten

Großdruck
im insel taschenbuch
Eine Auswahl

*Wolfgang Koeppen.* Die Erben von Salamis
oder Die ernsten Griechen.
Mit farbigen Fotografien. it 2401. 80 Seiten

*Marcel Proust.* Freuden und Tage
it 2370. 388 Seiten

*Rainer Maria Rilke.* Die Liebenden.
Die Liebe der Magdalena. Portugiesische Briefe.
Die Sonette der Louïze Labé. it 2366. 126 Seiten

*Theodor Storm.* Der Schimmelreiter.
Mit Zeichnungen. it 2318. 180 Seiten

*Martin Walser.* Ein fliehendes Pferd. Novelle.
it 2385. 200 Seiten

*Oscar Wilde.* Erzählungen und Märchen.
it 2358. 385 Seiten